# Antonio Maceo
## *PENSAMIENTO Y VIDA*

Carlos Ripoll

**Nueva York**
**Editorial Dos Ríos**
**1996**
*En el centenario de la muerte de Antonio Maceo*

©1996, EDITORIAL DOS RÍOS
A NOT-FOR-PROFIT CORPORATION
NEW YORK, N.Y.

LIBRARY OF CONGRESS CATALOG CARD NUMBER : 95-90912.

INTERNATIONAL STANDARD BOOK NUMBER: 0-87139-284-4.

---

## Editorial Dos Ríos
### Publicaciones

*MARTÍ: IDEARIO*

*JOSÉ MARTÍ: THOUGHTS*

*LA VIDA ÍNTIMA Y SECRETA DE JOSÉ MARTÍ*

*JOSÉ MARTÍ; ANTOLOGÍA MAYOR: PROSA Y POESÍA*

*MARTÍ: DEMOCRACIA Y TIRANÍA*

*PÁGINAS SOBRE JOSÉ MARTÍ*

# PREFACIO

El propósito de este libro es el de ofrecer una sucinta imagen de Antonio Maceo: su visión del mundo como resultado del pensar y, junto a ese repertorio de ideas, su vivir, la respuesta del hombre ante su concreta circunstancia. "Pensamiento y Vida": el programa y el acto: aquél como resultado de analizar la realidad, y la acción como consecuencia de ese análisis. Lo insólito en Maceo es la obstinada fidelidad de la conducta al más noble ideario, como si no hubiera para él otra posibilidad de existir que el impuesto por su conciencia, y el tamaño gigante que adquiere el agonista en su ejemplar empresa.

Con ese objetivo este libro, además del presente "Prefacio", lo componen dos partes principales: la primera es una "Crónica", en la que se recorre la vida del héroe siguiendo el orden del tiempo, especie de anales o efemérides; y la otra, lo que se llama aquí "Textos", es una colección comentada de escritos de Maceo en los que aparecen de manera más precisa y clara sus ideas. Completan estas páginas destinadas a honrar la memoria del Lugarteniente General en el centenario de su muerte, unas "Ilustraciones" y una "Bibliografía" de su asunto.

●

Si se pudiera reducir la figura de Antonio Maceo a tres de sus cualidades más notables, en ese ejercicio quedarían el patriotismo, el valor y la intransigencia. Bien entendido el patriotismo no es más que un amor que antepone el bienestar de la patria a cualquier otro interés. Tenía Maceo 23 años cuando se alzó contra España, y no dejó las armas hasta su muerte, en San Pedro, el 7 de Diciembre de 1896. Sólo habían transcurrido unos días del Grito de La Demajagua, en 1868, y ya estaba incorporado a la lucha. Eran tiempos en que le sonreía la fortuna: el recio hogar de sus padres, la compañera mejor, la prosperidad del hacendado; pero todo lo renuncia: ése fue su primer desistimiento.

De la misma raíz del patriotismo nace el valor, pero éste va más allá del puesto que a toda persona le corresponde en el banquete de la vida. La superior entrega alcanza el instinto primario, y el héroe deja de temer la muerte al transferirle a la patria su existencia. El Himno Nacional de Cuba supo del trasiego y le decía a los bayameses: "No temáis una muerte gloriosa,/Que morir por la patria es vivir". Cuando Maceo se fue de Cuba por el Pacto del Zanjón, en 1878, llevaba en el cuerpo numerosas heridas. Y tan lastimado se sentía en Punta Brava que tuvieron que ayudarlo a levantarse de la hamaca para vestirse y montar a caballo minutos antes de su muerte.

Como tantos otros mambises, Maceo entró en la guerra sin ningún saber militar, como simple soldado, pero poco después, por su arrojo, lo nombraron sargento. Luego fue ascendido a teniente en Mayarí, por su don de mando; en diciembre de 1868 ya era capitán, y un año después, comandante, rango que tuvo hasta 1872 en que llegó a coronel; en 1873 fue brigadier, y en la Protesta de Baraguá, en 1878, ya era mayor general. El valor era para Maceo el único distintivo del militar, por eso en unas páginas suyas que no se conocían, y que más adelante se reproducen, en su "clasificación de los generales españoles", no les da categoría por sus conocimientos en la guerra, ni por su tropa o sus armas, sino por su ánimo ante el peligro: así uno es "valiente"; otro, "tibio", otro, "bravo"; otro, Weyler, "muy cobarde".

El miedo mueve bajas pasiones y siempre prefiere la humillación al sacrificio. El hombre es prudente por naturaleza, y la primera contienda se produce en su interior: luchan la voluntad de vivir y el apetito de gloria; y el cobarde, a veces por salvarse, recurre a la alevosía y al crimen. El honor es el orgullo natural del valiente. Maceo tuvo el más alto sentido del honor; a pesar de todo lo que anhelaba ver libre a su patria, llegó a decir: "No quiero la libertad si a ella va unida la deshonra". Cuando en 1877 el general Vicente García lo invitó a sublevarse, Maceo le escribió: "Al mismo tiempo que indignación, desprecio me produce su invitación al desorden y desobediencia a mis superiores, rogándole se abstenga en lo sucesivo de proponerme asuntos tan degradantes". Y no menor demanda tenía en puntos de honor con sus subordinados: en diciembre de 1895, cerca de Cárdenas, un coronel de voluntarios mató al insurrecto que quiso forzarle la casa, y Maceo lo felicitó por haber defendido su hogar; y en el mismo acto hizo que fusilaran a tres hombres que habían deshonrado la revolución con actos similares.

Uno de los pasajes más elocuentes en la vida de Maceo, respecto al honor, es el que se produjo por su contacto con Arsenio Martínez Campos en el Pacto del Zanjón. Fue este general el más bizarro general que envió la metrópoli a Cuba: cuando en 1905 se propuso en Madrid erigir un monumento a su memoria, dijo con cierta exageración el general cubano Enrique Collazo: "Las deudas de honor son difíciles de pagar, y para con el caballero que transformó en Cuba la guerra salvaje por la guerra civilizada, estamos en deuda. Los que con él tratamos conservamos aún el recuerdo de cariño y respeto al enemigo caballeroso y leal". Así Maceo consideraba a Martínez Campos, en su "clasificación", como "valeroso": no mucho más que eso había sido en sus campañas de Cuba —por su encargo enviaron a la isla al asesino Valeriano Weyler. A principios de 1878 Martínez Campos había logrado que depusieran las armas buen número de insurrectos, y ya tentaba a los rebeldes de Oriente. La entrevista con Maceo se prestaba para eliminar al español, y algunos pensaron en el crimen. Estando en Barigua le escribió Maceo al coronel Flor Crombet, el 4 de marzo de ese año: "Desde que me encontraba herido en Loma de Bío, se me dijo que el general Díaz, jefe de esa brigada, y otros, tenían el plan de mandar asesinar a Martínez Campos, y que al efecto tenían hombres pagados para llevar la empresa a cabo... Llenéme de indignación cuando lo supe, y dije que el hombre que expone el pecho a las balas y que puede en el campo de batalla matar a su contrario, no apela a la traición y a la infamia asesinándole, y que aquéllos que quisiesen proceder mal con ese señor tendrían que pisotear mi cadáver". Flor Crombet debió de circular ese escrito de Maceo entre otros oficiales para que conocieran la opinión de su jefe. El historiador español Antonio Pirala publicó en 1898 una carta del coronel Silverio Sánchez Figueras devolviéndole a Flor Crombet la carta de Maceo, la cual fue a dar a manos de los españoles, por lo que su original se conserva en Madrid, en el Archivo Histórico Nacional. Enterado del plan, Martínez Campos le escribió a Maceo: "La casualidad ha hecho que caiga en mi poder una carta que usted dirigió al señor Flor Crombet, y los sentimientos caballerescos que en ella manifiesta usted, anatematizando un proyecto en contra mía, me ha impresionado vivamente, y desearía tener la ocasión de estrechar la mano de usted como mi amigo pues ha sido un enemigo leal..." Maceo le contestó con una carta, que también se encuentra en Madrid, nunca publicada del original, donde le dice: "... He sentido infinito que ese escrito llegase a poder de Ud., y sobre todo porque se me ocurre la idea de que alguien pueda presumir que quiero justificarme después de haber hecho la guerra al gobierno que Ud. representa en Cuba, cosa que jamás haré con mis contrarios, siendo así que hoy mismo me siento atormentado con la orden que he recibido de marchar al extranjero, la que obedezco porque, como soldado, estoy atado al poste del deber, sin que por esto se comprenda que abjuro de los principios que hasta hoy he defendido..."

Muchos años después, en 1895, Martínez Campos correspondió al gesto del cubano: cuando en Peralejos sufrió una seria derrota frente a las tropas de Maceo, el corresponsal del *New York Herald*, Eugene Bryson, entrevistó a Martínez Campos, y le preguntó: "¿No cree usted que para vengarse de Maceo va a tener usted que mandar a matarlo?" Y el español le contestó: "Si de esa manera tengo que deshacerme de Maceo, éste vivirá toda su vida".

Solamente un español de nombre —a excepción de

Francisco Pi y Margall— habló con admiración de Antonio Maceo a raíz de su muerte. La viuda, María Cabrales, le escribió una carta agradecida; en ella le decía: "En medio del vocerío de innoble júbilo que se levanta en toda España con ocasión de la muerte de mi ilustre consorte, el Mayor General Antonio Maceo, se singularizó usted por la corrección de su conducta, consagrándole palabras de respeto y consideración a aquel heroico jefe cubano... Aplaudo con calor su conducta, la cual, emocionando hondamente mi corazón de viuda atribulada, ha mitigado el amargo sentimiento que me inspiró el populacho congregado en las plazas y paseos de toda España para festejar en horrible saturnal de caníbales el fin glorioso de un caudillo enemigo, ilustre por sus méritos y sus hechos, y que fue siempre tan bravo en la pelea como generoso en la victoria con el enemigo derrotado..." La carta iba dirigida a Emilio Castelar y Ripoll, quien había comentado en Madrid, en *La España Moderna,* la caída del cubano; escribió en aquella ocasión: "No puede dudarse: la mayor noticia, la más importante de toda esta quincena, la que transcenderá así a nuestra política como a la política universal, es esa muerte de Maceo, quizás buscada por él mismo en defensa de ideales engañosos e imposibles; muerte, por tanto, heroica de toda heroicidad. Es indudable que representa el mulato la intransigencia, con toda su fuerza y en todo su vigor. Cuando sus camaradas de rebeldía en la última guerra, comprendiendo la imposibilidad completa del triunfo se dieron a partido y pactaron el célebre convenio de Zanjón, Maceo se partió de Cuba muy airado, jurando que nunca rendiría la cerviz a España, y no volvió a Cuba sino para conspirar a diario y encender de nuevo la hoguera separatista... Ninguno, entre los partidarios de Maceo, tan peleador, como él; ninguno tan bravo en el combate; ninguno tan organizador en la paz; ninguno tan intransigente".

No se le escapó al ilustre orador la noble cualidad de Maceo: la intransigencia, que consistía en no ceder ni contemporizar con lo que era contrario a sus ideas; su patriotismo le imponía esa repulsa a transigir, y su visión del futuro. El tiempo vino a probar que la rebeldía era la actitud correcta frente a España. No cabía ningún tipo de reconciliación. La guerra se había hecho para abolir la esclavitud y lograr la independencia, y el convenio del Zanjón no cambiaba ni la estructura social ni la política del país. Martínez Campos fue a ver a Maceo con la esperanza de que cediera, pero no lo logró. Quiso entonces Maceo continuar las hostilidades, pero no pudo. Sus compañeros en la guerra, sabiendo que jamás iba a capitular, para evitarle una muerte segura, lograron sacarlo de Cuba. Se fue cuando ya se habían rendido más de 10 mil cubanos. Maceo le llamó al Zanjón "una rendición deshonrosa", "el camino de la infamia"; y para que no le nacieran tibiezas a la guerra del 95, la primera orden que dictó en territorio cubano prueba su posición inflexible, decía: "Queda terminantemente prohibida toda conferencia con el enemigo y autorizados los jefes de las fuerzas cubanas para ahorcar, sin formación de causa, a todo emisario, español o cubano, que venga con proposiciones de paz". Siguió luego la increíble hazaña de la invasión de Oriente a Occidente, desde los Mangos de Baraguá, donde había protestado contra el Zanjón, hasta Mantua, en el otro extremo de la isla. Después vino el combate de San Pedro, donde lo sorprendió la muerte, el 7 de Diciembre de 1896.

•

El Maceo guerrero ha sido bien estudiado, el brazo de la revolución, el estratega: cuando terminó su vida había recorrido en la isla cerca de 3 mil leguas a caballo, y participado en 1100 combates, en muchos de los cuales colmó su nombre de gloria: Las Guásimas, Mojacasabe, San Ulpiano —en la Guerra Grande; Peralejos, Mal Tiempo, Cacarajícara —en la guerra del 95. Pero no se habla lo suficiente de Maceo en el destierro, que siempre debe ser, y en él lo fue, faena de soldado —es una milicia en la que, con distintas armas, se hace guerra ofensiva y defensiva. Después de Baraguá, a los tres días de llegar a Jamaica, convocó a los emigrados para continuar la guerra: se alistaron 5 hombres y pudo recaudar 7 chelines. Pero no se detuvo: había que sembrar con el ejemplo. Luego fue a Nueva York y a Kingston; a Haití y Santo Domingo; a Tegucigalpa, Cayo Hueso, Nueva Orleans, Veracruz, Colón, Lima, San José, siempre en trabajos por la causa de Cuba: en sus peregrinaciones le ganó el corazón a Eloy Alfaro, y cuando éste fue Jefe Supremo del Ecuador, ayudó a la insurrección cubana. Su comportamiento y sus trabajos en Nicoya los pagó el presidente de Costa Rica, José Joaquín Rodríguez, también con la protección y la ayuda a los emigrados que acompañaron al líder a Centro América; y luego el otro presidente, Rafael Iglesias. Marco Aurelio Soto, el primer mandatario de Honduras, lo nombró Inspector General de las Milicias y lo ayudó en sus aspiraciones para Cuba, como después el general Luis Bográn, también presidente de ese país; al igual que los generales Gregorio Luperón, presidente de la República Dominicana, y Ulises Heureaux, quien luego lo sería; y los ilustres puertorriqueños Eugenio María de Hostos y Ramón E. Betances. Siempre en preparación para la guerra. En una publicación metodista de 1897 contó Frank J. Webb, quien se describía como amigo de Maceo, que cuando el cubano estuvo en Nueva York se iba a West Point a emplearse de caballerizo ("*hostler*") y mandadero de los cadetes que le pagaban con lecciones y libros sobre el arte de la guerra.

Para contrarrestar la campaña que hacía en el exilio, el general Manuel Salamanca le permitió a Maceo, en 1890, que hiciera un viaje a Cuba. Y allá fue, con su esposa, a conspirar: en La Habana, entre tantos otros, con Julio y Manuel Sanguily, José María Rodríguez, Perfecto Lacoste, Rafael Montalvo, Generoso Campos Marqueti y los jóvenes de la Acera del Louvre —el poeta Julián del Casal se hizo retratar junto a Maceo y lo describió como "un hombre bello, de complexión robusta, inteligencia clarísima y voluntad de hierro"; y dijo en sus versos que Maceo, "al tornar de costas extranjeras,/Cargado de magnánimas quimeras" venía dispuesto a "enardecer" a sus "compañeros bravos". En Santiago de Cuba, también entre muchos militares y hombres de letras, trabajó para iniciar un levantamiento —con Guillermo Moncada, Ángel Guerra, Manuel J. de Granda, José Miró Argenter, Emilio Bacardí, y los hermanos Castillo Duany...— Poco después el general Camilo Polavieja, ya en el mando del país, tuvo que expulsarlo. No, Maceo no fue a dialogar con las autoridades que le oprimían la patria, a implorar derechos, él fue a dialogar con los que conspiraban para libertarla. Él sabía que "la libertad se conquista con el filo del machete, no se pide", toda vez que "mendigar derechos es propio de cobardes incapaces de ejercitarlos".

•

Es tan fácil como innoble robarle al mártir su fama en beneficio de una idea que le fue ajena. Al levantarle el monumento en el Cacahual se recortaron algunas de sus palabras para grabarlas en el mármol. En 1909 aparecieron las *Crónicas de la Guerra*, del general José Miró, jefe del Estado Mayor de Maceo, y allí estaba la carta al coronel Federico Pérez, de donde salió la cita, subrayada en este pasaje: "De España jamás esperé nada; siempre nos ha despreciado, y sería indigno que se pensase en otra cosa... Tampoco espero nada de los americanos; todo debemos fiarlo a nuestros esfuerzos; mejor es subir o caer sin ayuda que contraer deudas de gratitud con un vecino tan poderoso..." Y Miró puso esta nota al pie de la página: "Las frases que hemos subrayado son las mismas que redactó Maceo; así están en el original, que obra en poder del coronel Federico Pérez y en el copiador de la correspondencia que tenemos nosotros. Hacemos esta salvedad, porque en el monumento del Cacahual se han esculpido en otros términos, que ni siquiera son análogos, y carecen de sentido y de intención. Parece que, al grabarlas allí, se trata de complacer a los españoles y a los americanos, por cuanto se omitió el pensamiento capital. Si se quiere rendir tributo a la verdad, deben ser borradas de aquella columna, y sustituirlas por las que hemos copiado literalmente".

Años después, en 1914, se quiso construir una

capilla junto al monumento. Hubo protestas de los antiguos compañeros del Lugarteniente General porque consideraron una afrenta ese proyecto de algunos católicos: Maceo había sido anticlerical y masón. Otra vez se tuvo que recurrir al juicio de Miró y, en una entrevista con *El Heraldo Habanero*, dijo: "Maceo fue librepensador. Perteneció a la francmasonería. Jamás mantuvo principios católicos. Tolerante con todas las ideas, se preocupaba poco de lo que los demás, en este sentido, hacían. Si él pudiera enterarse de que al pie de su tumba quiere levantarse una capilla, de seguro que no le agradaría..."

No es nueva, pues, en nuestra historia, la voluntad de adulterar la postura y las ideas de Maceo. Sus virtudes y méritos de revolucionario tentaron también al marxismo-leninismo, y sus autoridades sucumbieron a la tentación; pero bajo un régimen totalitario no es posible, como antes se hizo, denunciar la falsificación y la calumnia. El carácter y sus principios le dictaron a Maceo una ideología que, como se verá en las páginas que siguen, dejó bien clara en sus escritos, la cual en nada coincide con la dialéctica marxista.

Por los años 30 el comunismo cubano criticaba a Maceo por su "estrechez política" y porque "había centrado en Cuba su preocupación y su obra"; es decir, no había sido capaz de seguir el llamado de Karl Marx en el *Manifiesto Comunista*, treinta años anterior a la protesta de Baraguá, en el cual se defendía "el interés común del proletariado universal, independiente de la nacionalidad". Contrario a lo que han hecho los gobernantes cubanos bajo el signo del "internacionalismo proletario" —por el que todo beneficio del país se postergó para servir al hegemonismo soviético, con la consecuente ruina que hoy sufre el país—, Maceo prefirió concentrar sus fuerzas en la derrota de España y la inmediata felicidad de su tierra. Por eso lo criticaban, por no "sentir inquietudes" internacionales, y por no haber predicado "el noble universalismo" de Carlos Marx.

Después, con la imposición en Cuba del marxismo-leninismo, al igual que se hizo con otras figuras de mayor arraigo en el pueblo, se trató de justificar "la estrechez política" del prócer y no se habló más en contra de su fervoroso nacionalismo. Y para darle los mayores títulos proletarios a Maceo, han hablado de él como de un "hijo de la clase pobre", y Raúl Roa llegó a decir que Maceo "había nacido en una cuna de palmiche". No es cierto: Marcos Maceo, el padre del héroe, llegó a tener suficientes medios como para adquirir una casa en Santiago de Cuba y varias fincas de labor: en una de ellas nació Antonio, y no "en cuna de palmiche". Por el color de su piel, y no por la economía padeció Maceo injusticia social. En nada se le rebaja por decir que al empezar la Guerra de los Diez Años tenía tierras fértiles donde sembraba tabaco y frutos menores, y criaba ganado, que vendía en Santiago de Cuba y en San Luis. Y eran tan influyentes en la comarca los Maceo que cuando se levantaron en armas contó con varios cientos más de nuevos soldados la insurrección de Céspedes. La prosperidad en que vivía la familia Maceo le da más gloria a su gesto. Tanto el desheredado como el pudiente merecen gratitud por su empeño de justicia: en uno conmueve la razón; en el otro admira la renuncia.

    En un 7 de Diciembre dijo Ernesto Guevara que "cambiando quizás un poco sus frases" le sería posible al comunismo cubano "repetir" las de Maceo. Los escritos que se recogen en este libro, los necesarios para conocer sus ideas fundamentales, prueban precisamente lo contrario, prueban de manera manifiesta cuánto habría que torcer el pensamiento de Maceo nada más que para acercarlo al dogma marxista-leninista. Y en otro intento de falsificar la historia, cuando en 1987 murió en La Habana Blas Roca —el más incondicional estalinista que ha dado este continente, el que consideraba a Stalin "uno de los grandes genios de la humanidad", el que a la muerte del asesino soviético prometió que "el comunismo cubano seguiría firmemente el camino de Stalin", el que organizó el aparato legal de Cuba a la imagen del peor del Kremlin, el que desde la imposición del comunismo en Cuba disfrutó de todos los privilegios del poder y de la Nueva Clase—, a Blas

Roca lo enterraron, con honores de general muerto en campaña, en el Cacahual... Y ante la tumba nueva le dijo atrevido e irreverente un orador al cuerpo insepulto: "...y cuando la yerba crezca se habrá tendido un abrazo entre el general Antonio y usted..."

●

Además de honrar al Titán de Bronce por el centenario de su muerte, este libro quiere entregar al lector lo esencial suyo sin las torceduras y falsificaciones a que se le ha sometido. No es con piedra de monumentos, y menos con el falso ritual del demagogo, como se le hace justicia al héroe, sino con el estudio de sus ideas y sus actos para que sirvan de norma a la conducta ciudadana.

Es siempre peligroso trasladar a un hombre a una época que le fue ajena, pero hay mucho en estas figuras ejemplares que desafía su particular circunstancia, todo aquello que les confiere universal categoría. Hubo un Cristo y un Judas en la Galilea de Herodes, en tiempos del emperador Tiberio, pero hay Cristos y Judas en todos los lugares y en todos los tiempos: el evangelio de amor y de justicia, y el evangelio del odio y la maldad. Busquen esos apóstoles del error y del abuso apoyo en otras fuentes, pero que no usurpen, para justificar sus crímenes, el crédito de quien luchó contra ellos. El hombre está muerto. Maceo no puede salirse de la tumba y desalojar de su patria, como hizo con los soldados de Weyler, a los que hoy se la asesinan escondidos tras su nombre glorioso: pero ahí están sus ideas, para que hagan por él similar faena a la que con la mayor fortuna pudo hacer su espléndido brazo.

De todos sus desvíos Cuba sólo ha de salir cuando vuelva entera a las raíces de su nacionalidad, a lo más alto y puro de su tradición, donde ocupan lugar sumo el "pensamiento y la vida" de Antonio Maceo. En lo que a pesar de su parvedad pueda servir a ese fin, halla razón este libro.

# CRÓNICA

**1770.** Nace en Santo Domingo Isabel María Grajales, hija de José Ramón, natural de Santiago de Cuba, y de Feliciana Castellanos.

**1808**, 25 de abril. Nace en Santiago de Cuba, "hijo natural" de Clara María Maceo, "parda libre", Marcos Evangelista Maceo, el padre de Antonio, y es bautizado en la Parroquia de Santo Tomás Apóstol, de esa ciudad, el 1º de mayo, según dice su "Libro de Bautismos de Pardos".

**1808**, 26 de junio. Hija de los dominicanos José Grajales y Teresa Coello, nace en Santiago de Cuba Mariana, la madre de Antonio Maceo.

**1827.** La familia de Marcos Maceo vive en una casa de la calle Providencia, número 16, hoy Maceo. Su buena posición económica le permite dedicarse al comercio y a la agricultura: café, tabaco y frutos menores, y a la cría de ganado, en sus tres fincas: la mayor de 120 hectáreas. Según documentos del Fondo del Gobierno Provincial, del Archivo Histórico de Santiago de Cuba, Marcos Maceo era dueño de "una caballería en el partido de Maroto, una caballería en el partido de Guaninicún, Vega La Carmelita (2 caballerías), una casa de mampostería en Santiago [la de la calle Providencia], una casa en la finca La Delicia, y un esclavo".

**1831.** Mariana Grajales contrae matrimonio con Fructuoso Regüeyferos, en Santiago de Cuba. Muere el marido siete años más tarde dejando a la viuda con cuatro hijos.

**1845**, 14 de junio. Nace Antonio Maceo en Majaguabo, San Luis, provincia de Oriente. Su padre, Marcos, se había unido a Mariana dos años antes. Al igual que ella, Marcos tenía varios hijos de su primer matrimonio. Antonio fue bautizado con el nombre de Antonio de la Caridad el 26 de agosto por el sacerdote dominicano Manuel José Miura, en la iglesia de Santo Tomás Apóstol, de Santiago de Cuba, la misma en que fue bautizado su padre. Seis años más tarde, para legitimar su unión y el nacimiento de los hijos, Marcos y Mariana se casaron, el 6 de julio, en la iglesia de San Nicolás de Morón y de San Luis, en Oriente.

**1862**. Antonio se hace cargo de la venta de lo que producen las fincas de la familia. Sus frecuentes visitas a la ciudad lo pusieron en contacto con el pensamiento liberal y antiespañol de su padrino de bautizo, el licenciado Ascencio de Asencio, blanco, quien lo presentó en la Logia Oriente, de esa ciudad. Según testimonio de Enrique Collazo en su libro *Cuba heroica,* quien lo conoció desde su juventud, Maceo, "de joven, tuvo sus vicios, el juego y las mujeres; el primero lo perdió pronto, y el segundo lo conservó toda la vida". Muchos años después, el general José Miró, jefe del Estado Mayor de Maceo, afirmaba en sus *Crónicas de la Guerra*: "...su pasión era la mujer, todas las mujeres le gustaban mientras no fueran provocativas o coquetas, pero sentía predilección por las que ostentaban aire sentimental..." En su *Maceo: análisis caracterológico*, Leonardo Griñán Peralta dijo: "No fue demasiado casto Antonio Maceo. A la normal satisfacción de su sexualidad se debió quizás en gran parte el equilibrio que fue uno de los rasgos más acentuados de su carácter". El general Eusebio Hernández, en sus *Dos conferencias históricas*, añade al cuadro de la juventud de Maceo estos juicios: "Las cualidades morales de Maceo no eran aprendidas, formaban parte integrante de su naturaleza, y en cada caso su conducta obedecía a la influencia hereditaria, a la educación, al medio ambiente que lo circundaba y al ejemplo constructivo de sus padres, de sus padrinos y de sus maestros..."

**1866**, 16 de febrero. Después de un breve noviazgo, Antonio se casó con María Magdalena Cabrales e Isacc en la parroquia del pueblo de San Luis, y se fueron a vivir en la finca La Esperanza, cerca de La Delicia, donde residían los padres y hermanos de Maceo. En noviembre de ese año les nació una niña que bautizaron con el nombre de María de la Caridad.

**1868.** Pocos días después del alzamiento de Carlos Manuel de Céspedes, en La Demajagua, el 10 de Octubre, ingresó Antonio en el Ejército Libertador. Según el testimonio de María Cabrales, su suegra, doña Mariana, puso "de rodillas a todos, padres e hijos" ante un crucifijo, y les hizo jurar "delante de Cristo, que fue el primer hombre liberal que vino al mundo, libertar la patria o morir por ella". Los insurrectos de Céspedes habían suscrito una Declaración de Independencia en la que se leía: "...Nadie ignora que España gobierna a la isla de Cuba con un brazo de hierro ensangrentado... teniéndola privada de toda libertad política, civil y religiosa... La tiene privada del derecho de reunión, como no sea bajo la presidencia de un jefe militar; no puede pedir el remedio de sus males sin que se la trate como rebelde, y no se le concede otro recurso que callar y obedecer... Cuando un pueblo llega al extremo de degradación y miseria en que nosotros nos vemos, nadie puede reprobarle que eche mano a las armas para salir de un estado lleno de oprobio... A los demás pueblos civilizados toca interponer su influencia para sacar de las garras de un bárbaro opresor a un pueblo inocente, ilustrado, sensible y generoso... Nosotros consagramos estos dos venerables principios: creemos que todos los hombres somos iguales... y demandamos la religiosa observancia de los derechos imprescriptibles del hombre..." El mismo día en que ingresó Antonio Maceo en el ejército, luchó en Ti-Arriba con tanto coraje que de soldado lo ascendieron a sargento. Conociendo los españoles la ayuda de los Maceo a la causa cubana, les quemaron la vivienda y destruyeron sus cosechas. Toda la familia se fue entonces a la manigua, y poco después fusilaron en San Luis a Justo Regüeyferos Grajales, medio hermano de Antonio, el primero de los hijos de Mariana muerto por la independencia de Cuba.

**1869**, 16 de enero. Después de ascendido a teniente y a capitán por méritos de guerra, el general Donato Mármol hizo comandante a Antonio Maceo por su comportamiento en la defensa de Bayamo. Diez días más tarde, por semejantes méritos frente al enemigo en Guantánamo y Mayarí, fue ascendido a teniente coronel. El 14 de mayo, en la toma del fuerte de San Agustín, murió Marcos Maceo, el patriarca de aquella "tribu heroica", como se le llamó a la familia Maceo-Grajales. Una semana más tarde, en el ataque al ingenio Armonía, custodiado por soldados españoles, al quemar los cañaverales y los edificios, recibe Antonio en el muslo su primera herida de guerra. Aún convaleciente, pasa por la pena de ver morir a su hija, María de la Caridad, y a su hijo, José Antonio, por las privaciones que sufrían en los campamentos. Poco después, ya en el mes de julio, recibe la noticia de que su padrino, el licenciado Asencio, conjuntamente con otros patriotas de Santiago de Cuba, habían sido asesinados en Jiguaní.

**1870**, 16 de marzo. En un combate, en su zona de operaciones, entre Santiago de Cuba y Guantánamo, Antonio Maceo derrota al entonces coronel Arsenio Martínez Campos. Por la muerte de Donato Mármol, el 26 de junio, Máximo Gómez ocupó la jefatura de la división Cuba, a la que pertenecía Maceo; de Gómez aprende el joven militar la estrategia de la guerrilla y del machete que había llevado a Cuba el dominicano. El 2 de octubre los españoles atacaron el campamento de Maceo, en Majaguabo, hiriéndolo gravemente. En cuanto se repone, ataca un campamento español, cerca de Bajaragua, el 12 de diciembre, acción en la que muere su hermano Julio, y en la que el propio Antonio es otra vez herido.

**1871**, 1º de marzo. En un consejo de guerra que tuvo lugar en Santiago de Cuba, casi todos los miembros de la familia Maceo fueron condenados, "en rebeldía", y "por infidentes" a la pena de muerte y a la incautación de sus bienes. Este año, con el anterior, constituyó para los insurrectos, por las dificultades que tuvieron que afrontar, el bienio más infortunado de la guerra. Maceo desplegaba, sin embargo la mayor actividad. Entre los muchos combates en que tomó parte cabe destacar los de Mayarí Abajo, Loma de la Galleta y el del cafetal La Indiana, donde hirieron gravemente a su hermano José, a quien en un atrevido asalto pudo rescatar Antonio.

**1872**, 27 de enero. Al informar sobre las actividades del Ejército Libertador, escribe el general Máximo Gómez: "La conducta observada por el coronel jefe de operaciones de la jurisdicción de Guantánamo, ciudadano Antonio Maceo, es muy digna del puesto que ocupa, por su valor, pericia y actividad". Otra prueba de lo justo que era el juicio de Gómez, la dio Maceo poco después, el 29 de junio, en el combate de Rejondón de Báguanos: en *La Revolución de Yara* anota Fernando Figueredo: "Con este gran combate cuya dirección se debió al general Calvar y cuyo éxito coronó Maceo... se inició la reacción en Oriente, cuyo ejército desde aquel momento marchó de triunfo en triunfo". Otras acciones de guerra en que se distinguió Antonio durante este año de 1872 tuvieron lugar en Jamaica, cerca de Guantánamo; Holguín, Mayarí y Baracoa; en un ataque al ingenio Santa Fe fueron heridos Antonio y su hermano Miguel. El propio presidente Carlos Manuel de Céspedes felicitó a Maceo por las "operaciones y esfuerzos" que había realizado, con los que pudo "conquistar la gloria que justamente" iba "unida a su nombre" y era "de todos confesada y reconocida".

**1873**, 8 de junio. Antonio Maceo es nombrado Brigadier por Carlos Manuel de Céspedes quien así le reconocía los servicios que le prestaba a la causa cubana; con ese ascenso se convirtió en jefe de la Segunda División del Primer Cuerpo que estaba a las órdenes del general Calixto García. Además de combatir en Chaparra, Santa María, El Zarzal y

Santa Rita, Maceo se cubrió de gloria en el asalto a Manzanillo, el 10 de noviembre, defendido por más de mil hombres, donde llegó hasta la Plaza de Armas de la ciudad aunque sin poder vencer la resistencia de los españoles. Poco antes, en Jiguaní, Maceo pasó por la pena de presenciar la deposición de Céspedes, que tuvo efecto el día 27 de octubre, proclamándose presidente de la República a Salvador Cisneros Betancourt, a quien por disciplina Maceo se sometió sin expresar su disgusto por las pugnas que él sabía iban a perjudicar la causa insurrecta.

**1874**, 9 de enero. Combate de Melones, en la jurisdicción de Holguín, en el que Maceo y Calixto García le produjeron cerca de 400 bajas a una columna española de 1000 hombres que operaba en la zona. Días antes, el gobierno discutió con los principales jefes militares el plan de invasión de Las Villas: a Maceo lo nombraron Jefe de las fuerzas de orientales y villareños que realizarían dicho plan. A mediados del mes de marzo se produjo el encuentro de Las Guásimas, en Camagüey, que fue una victoria mayor para los cubanos: mil quinientos insurrectos vencieron a los tres mil españoles que abandonaron sus muertos y numerosas armas en el campo de batalla. Poco después, el 17 de abril, muere, en la acción de Cascorro, Miguel, otro de los hermanos de Antonio: al enterrarlo, según contó Ramón Roa, "al caer en la huesa los restos de su hermano, se desbordó en sollozos; y aquel hombre curtido por el sol de los combates, con la piel abrasada por el plomo rompió a llorar espontáneamente como un niño". El año terminó con su regreso a Oriente por desavenencias con algunos jefes de Las Villas.

**1875**. "En ningún momento durante los años transcurridos de la guerra", dice José Luciano Franco en *Antonio Maceo: apuntes para su vida*, "habíanse presentado perspectivas más favorables para el triunfo de la Revolución Cubana como en los primeros meses del año 1875". España se sintió impotente para detener a los mambises: las tropas cubanas al mando de Máximo Gómez llegaron a Las Villas para allí impulsar la insurrección, mientras que en Oriente los insurrectos burlaban las líneas militares de los españoles, aumentaban sus filas con la presentación de voluntarios que se unían a los cubanos, y con las dotaciones de esclavos liberados por el general Maceo, Gillermo Moncada y Flor Crombet. Estas ventajas de los insurrectos se vieron disminuidas por la conspiración militar, condenada por Maceo, de Lagunas de Varona, que dirigió el general Vicente García para destituir al presidente Cisneros, lo que puso en peligro la causa cubana.

**1876.** La envidia y el regionalismo de algunos insurrectos se dio a propalar la calumnia de que Maceo favorecía en sus filas a los negros sobre los blancos. Esto hizo que el general se viera obligado a escribirle una carta "manifestación" al presidente de la República, entonces Tomás Estrada Palma, el 16 de mayo, en la que se lee que el exponente "protesta enérgicamente con todas sus fuerzas para que ni ahora, ni en ningún tiempo, se le considere partidario de ese sistema [discriminatorio], ni menos que se le tenga como autor de doctrina tan funesta, máxime cuando forma parte, y no despreciable, de esta República democrática que ha sentado como base principal la libertad, la igualdad y la fraternidad..."

**1877.** El 7 de agosto Maceo, sorprendido por una columna enemiga en el Potrero de Los Mangos de Mejía, en Barajagua, lo hirieron cuatro balas en el pecho, dos en el brazo y una en la mano derecha. Contó Manuel J. de Granda en *La paz del manganeso*: "...conducido agonizante por doce hombres mandados por su hermano José, los que resistían tiro a tiro a la columna española mandada por el general Camilo Polavieja, ávido de apresar al caudillo herido, iba María Cabrales sin ocultarse a las descargas enemigas, al pie de la camilla ensangrentada, y al ver llegar al sitio del peligro al Jefe del Regimiento Santiago, el coronel José María Rodríguez, con un gesto de espartana, dirigiéndose a aquellos abnegados y valientes soldados, exclamó: '¡A salvar al general o a morir con él!'" Poco tiempo después, restablecido, estaba de nuevo sobre su caballo en nuevas actividades militares. En el mes de noviembre, ya con el terreno abonado para la pacificación del país, por los problemas entre las filas insurrectas, llegó a Cuba Arsenio Martínez Campos, lo que no impidió que Maceo siguiera combatiendo, como lo hizo, en Sagua de Tánamo, en la provincia de Oriente, a los pocos días de la llegada del general español.

**1878.** A principios de este año, por acuerdo de la Cámara de Representantes, recibió Maceo el diploma, firmado por el presidente de la República, en el que se le ascendía a Mayor General del Ejército Libertador. Los grandes combates que siguieron su nombramiento, en la llanura de Juan Mulato y San Ulpiano, junto con su hazaña en la Loma de Bío, donde se curaba de las heridas que recibió en el Potrero de los Mangos de Mejía, confirmaron el juicio que envió a Madrid Martínez Campos sobre el héroe cubano; dijo: "Creí habérmelas con un mulato estúpido, con un arriero rudo, pero me lo encuentro transformado no sólo en un verdadero general, capaz de dirigir sus movimientos con tino y precisión, sino en un atleta que en momentos de hallarse moribundo en una camilla, es asaltado por mis tropas y abandonando su lecho se apodera de su caballo, poniéndose fuera del alcance de los que le perseguían". Abrumada por las dificultades internas, el 8 de febrero se disolvió la Cámara de Representantes para llegar a un acuerdo con Martínez Campos, firmándose el Pacto del Zanjón dos días más tarde. El 18 de ese mes se reunieron Maceo y Máximo Gómez en Pinar Redondo, pero el caudillo oriental se negó a aceptar la paz acordada. Entonces le escribe a Martínez Campos para entrevistarse con él, lo que sucede el día 15 de marzo en Baraguá. No llegaron a un acuerdo, toda vez que, como le dijo Maceo, no se habían logrado lo que dio origen a la guerra. De nuevo se vuelve a ella: era la Protesta de Baraguá, pero por orden del jefe español sus soldados respondían a los ataques cubanos con vivas a la paz y a Cuba. Maceo, aún protestante del acuerdo del Zanjón, comisionado por los rebeldes para obtener refuerzos en el extranjero, embarcó en Santiago de Cuba con destino a Jamaica. A los pocos días llegaron a Kingston Mariana Grajales, María Cabrales y las otras mujeres y los niños de su familia. En aquella ciudad, Maceo empezó su campaña para continuar la revolución de Cuba, pero no tuvo suerte: parecía que de nada habían servido sus diez años de lucha, su participación en 800 combates, y las 22 cicatrices que llevaba en el cuerpo. Y no mucho mayor éxito logró, en el mes de junio, durante su visita a Nueva York. Por eso tuvieron que rendirse los pocos patriotas que en la isla siguieron combatiendo a España con "escopetas viejas cargadas con pólvoras de guano de murciélago y proyectiles de balaustres de hierro recortado... en fieras batallas cuerpo a cuerpo, a pedradas, al machete, con púas y macetas de madera", como es el caso del holguinero Modesto Fornaris Ochoa, presente en la protesta de Baraguá, quien no pudo resistir, junto a los 10 hombres que lo acompañaban, más que hasta el día en que se cumplieron justos los diez años del alzamiento de Céspedes en la Demajagua.

**1879**, 26 de agosto. Se inicia en Santiago de Cuba la llamada Guerra Chiquita. Su jefe máximo, el general Calixto García, le explica a Maceo, en Kingston, la conveniencia de que no fuera a la cabeza de lo militar para impedir que pareciera una guerra "de raza", pero él, ayudado por su hermano Marcos y varios amigos, y antiguos compañeros, preparó una expedición que habría de desembarcar en Cuba y sumarse a los que allí estuvieran en armas. Sale hacia Haití, y en Port-au-Prince, a fines de diciembre, de nuevo los españoles tratan de asesinarlo.

**1880**, 3 de agosto. A raíz de desembarcar Calixto García en Cuba, las tropas españolas lo hicieron prisionero, y así terminó aquel movimiento revolucionario. A principios del año Antonio y Marcos Maceo, sin renunciar a la idea de llevar una expedición armada a Cuba, por los sucesos en Haití, se embarcan con destino a Saint Thomas, y luego fueron a las Islas Turcas para trasladarse a Santo Domingo: allí una mujer, por dinero, se comprometió a llevarlo a una playa para que lo asesinaran, pero ella se enamoró del héroe y de su causa y le descubrió el complot del cónsul español. Al terminar el año estaba otra vez Maceo en Jamaica.

**1881**. En el mes de junio, en compañía de su hermano Marcos, viajó a Costa Rica para establecerse luego en Honduras, donde el gobierno protegía a los emigrados de Cuba, y lo nombró General de División a cargo de Tegucigalpa. En sus tiempos libres Maceo estudió francés e historia, administración pública y técnica militar.

**1882**. Se reúne el general Maceo con Máximo Gómez, y tratan del futuro de Cuba. En julio Martí le escribe, desde Nueva York, a Maceo, y le pregunta sobre la posibilidad de reiniciar la guerra de Cuba; le dice: "No conozco yo soldado más bravo, ni cubano más tenaz que Ud., ni comprendería yo que se tratase de hacer obra alguna seria en las cosas de Cuba, en que no figurase Ud. de la especial y prominente manera a que le dan derecho sus merecimientos".

**1883**. Las noticias de Cuba y las conversaciones con algunos de sus compañeros de armas en la pasada guerra, le hacen concebir a Maceo, junto a Gómez, nuevas esperanzas para iniciar un levantamiento en Cuba. A fines de ese año reciben la promesa de ayuda económica de algunos cubanos ricos residentes en Nueva York.

**1884**, 2 de agosto. Después de liquidar los compromisos que le impedían dedicarse por entero a las labores revolucionarias, se embarcó Maceo con la esposa, Máximo Gómez y su familia, en Puerto Cortés con destino a Nueva Orleans. El presidente hondureño Luis Bográn les facilitó dinero para el viaje. Poco antes le había escrito a un amigo desde San Pedro: "Para ocuparme de la Patria he dejado el destino que me proporcionaba el sustento de mi familia, porque nuestra esclavizada Cuba reclama que sus hijos la emancipen de España..." En setiembre, también en viaje de propaganda y para recaudar fondos, Maceo y Gómez llegaron a Cayo Hueso, y en octubre ya estaban en Nueva York, donde se les unió José Maceo, quien se había escapado de una prisión española en las islas Baleares. A pesar del número de figuras importantes de la emigración que los apoyaban, la visita a Nueva York tuvo poca fortuna: además de perder el apoyo de Martí, quien se disgustó con Gómez, la ayuda económica prometida nunca se produjo: Gómez anotó en su *Diario*: "He sufrido aquí en New York lo que no me esperaba... Mi decepción ha sido tristísima porque sólo los cubanos pobres son los dispuestos al sacrificio. A los más pudientes les he pasado notas secretas para que afronten recursos, y de más de 20 a quienes he interrogado, uno sólo contestó con 50 pesos..." Entre las comisiones que despacha a distintos países —Francia, Venezuela, Panamá, Colombia—, Maceo fue destinado a México, pero en esa gestión muy poco pudo lograr.

**1885.** Continúa Maceo su labor de propaganda por distintos centros de emigrados: otra vez, Cayo Hueso, Nueva Orleans, Nueva York, Panamá, México, Kingston. Desde Nueva Orleans, el 14 de junio —en carta dada a conocer por el autor de este libro— le escribe a Juan Arnao criticando a Martí por no apoyar la gestión revolucionaria de Gómez: "¿Qué importa la doblez y la falsía de unos pocos, si se cuenta con la abnegación y probado patriotismo de los más?...Concretando especial y determinadamente estos comentarios a un solo individuo, que lo designaremos Dr. Martí, debo agradecerle los antecedentes que relativos a su conducta Ud. ha tenido la bondad de proporcionarme... Conocidas como son las retrógradas tendencias del amigo que nos ocupa, debe Ud. procurar el concurso de los que, amantes de su Patria, aspiren al bien de ella para que unidos así combatan en todos los terrenos tan fatal elemento..."

Maceo terminó el año en Jamaica; y en Kingston, en diciembre, lanza su proclama "A mis compañeros y vencedores de Oriente", donde les dice: "La libertad no se pide, se conquista... Os traigo la guerra de la justicia y la razón... Venid al campo del honor, ahora que os traigo el olivo de la libertad y del derecho".

**1886.** Durante los primeros meses de este año Maceo permanece en Panamá preparando la nueva guerra que quiere empezar en Cuba, y en julio otra vez se encuentra en Jamaica; allí se celebró una reunión presidida por Máximo Gómez, a la que asistieron buen número de los militares comprometidos en el levantamiento: la mayoría estuvo de acuerdo en que era imposible llevarlo a cabo por los fracasos sufridos, la indiferencia de muchos en la isla y la escasez de recursos. En la reunión del 17 de agosto, por una discrepancia entre Maceo y Flor Crombet, que logró resolverse, hubo un agrio intercambio epistolar entre Gómez y Maceo, que terminó por un ruego de Maceo a su antiguo compañero de armas y amigo, en el que le decía: "Suplícole que no confunda la causa con nuestras personalidades...": y se impuso el patriotismo: Gómez le contestó: "..queda una cosa en común entre los dos, sagrado por cierto, y que la he hecho mía, la causa de su Patria..." A fines de diciembre vuelve Maceo a Panamá, y al empezar el año siguiente, para ganarse la vida, ya estaba construyendo casas para los obreros que trabajaban en el Canal.

**1887,** 4 de enero. En respuesta a una carta firmada por un grupo de cubanos de Nueva York, que encabezaba Martí, y dirigida a los generales Gómez, Maceo, Francisco Carrillo y Rafael Rodríguez, Maceo, sin hacer alusión a la polémica de 1884, le contestó: "Hoy como ayer y siempre, señor Martí...debemos los cubanos todos, sin distinciones sociales de ningún género, deponer ante el altar de la Patria esclava y cada día más infortunada, nuestras disensiones todas..." Y después de una breve visita al Perú, donde alterna con Eloy Alfaro, Maceo y su hermano José volvieron a Jamaica por las dificultades que tuvieron los empresarios que construían el Canal.

**1889**. El desorden y la corrupción de las autoridades españolas en la isla hizo que se nombrara como Gobernador General a Manuel Salamanca. Llegó a Cuba en el mes de marzo, pero lo único que pudo lograr fue darle el control del robo y del peculado a los que decían perseguirlo. Otro de sus planes era impedir un brote insurreccional y neutralizar los centros de emigración que simpatizaban con el separatismo: en Cayo Hueso se organizaban los cubanos para lo que a principios de 1891 se convertiría en la Convención Cubana; aquellos grupos de emigrados tenían buen número de agentes en la isla. Por los mismos días que llegó a La Habana el teniente general Salamanca, Martí publicó en *The Evening Post*, de Nueva York, su famoso artículo "Vindicación de Cuba"; allí decía: "La lucha no ha cesado. Los desterrados no quieren volver. La nueva generación es digna de sus padres... Sólo con la vida cesará entre nosotros la batalla por la libertad..."

**1890**, 5 de febrero. Maceo llega a La Habana. Con la disculpa de que tenía que vender algunas propiedades de su madre, pidió permiso al gobierno español para trasladarse a Cuba. En los fragmentos de unas "Narraciones" que recogió su sobrino Gonzalo Cabrales, en el *Epistolario de Héroes*, confirma que, con el viaje, quiso tentar el terreno antes de volver a la guerra; escribió allí: "Yo les hice presente [a los amigos y viejos compañeros de armas con los que habló en las distintas ciudades en que estuvo] que podían asegurar que mi vuelta a Cuba no obedecía a otra cosa, que mis propósitos eran revolucionar la Isla y lanzarme a la lucha armada, no obstante que me veía en el caso de aparentar lo contrario, disimulando mis pasos en el país con varias cosas que intentaba hacer". El momento era propicio por el caos económico y los abusos de los gobernantes. Los habaneros le hicieron todo tipo de homenajes. Maceo, por su parte, describió así la situación que encontró en la capital: "... viven con la lucha del amo y el esclavo: al primero le sobra la razón, y al segundo siempre le falta la justicia, por buena que sea su causa. Nuestras mujeres tienen que ser ociosas y prostituirse por falta de ocupación honrosa y digna de su sexo, pues ni siquiera tienen, en su tierra, el auxilio de la venta de flores, oficio que desempeñan corpulentos jóvenes españoles..." En julio, ya en Santiago de Cuba, Maceo logra organizar un levantamiento armado con los antiguos y los nuevos adeptos del separatismo. Además del Partido Autonomista, que repudiaba el camino de la guerra, el único otro estorbo era el de los anexionistas que querían convertir a Cuba en Estado de la Unión Americana: en un banquete que le dieron los santiagueros al general Maceo en el restaurante La Venus, según conocida anécdota, se brindó por Cuba Libre, pero un imprudente sugirió en la sobremesa la conveniencia de anexar a Cuba a los Estados Unidos; Maceo le contestó: "Creo, joven, aunque me parece imposible, que ese sería el único caso en que tal vez estaría yo al lado de los españoles". Muerto el gobernador Salamanca, su sustituto, Camilo Polavieja, acabado de llegar a La Habana, a fines de agosto, ordenó la inmediata deportación de Maceo y de otros complotados, y el arresto de muchos de los comprometidos en Oriente: la subida del precio del manganeso restó el apoyo de algunos sectores de la población, por lo que se llamó al acontecimiento, como antes a la otra Paz, del Zanjón, a ésta, la Paz del Manganeso. Desde Kingston, sin desanimarse, le escribió Maceo a José Miró Argenter: "...lo que conviene es que se haya levantado el espíritu, que no se desmaye en la conspiración, pues yo, cualesquiera que sean los obstáculos que encuentre a mi paso, trataré de vencerlos; superaré el peligro... Mis deberes para con la Patria y para con mis propias convicciones políticas, están por encima de todo esfuerzo humano; por ellos llegaré al pedestal de los libres o sucumbiré luchando por la redención de ese pueblo..."

**1891.** Por las concesiones que hacía Costa Rica para

colonizar parte de su territorio inculto, el general Maceo se trasladó a ese país, y en el mes de febrero ya estaba allí en negociaciones con el gobierno. Desde 1883 Maceo acariciaba la idea de crear en Centroamérica, con Gómez, en Honduras, una "colonia cubana" que formara soldados para la próxima guerra, y ciudadanos para la futura república —algo como se intentó en 1893 en la Florida, cerca del pueblo de Ocala, en "Martí City"—. Por presiones de España se le negaron tierras en la costa del Caribe para que no estuviera tan cerca de Cuba, y se las dieron en la del Pacífico, en la península de Nicoya, habitada entonces por indios y nativos: se le pagaba una cantidad en efectivo por cada colono que llevara al lugar, por cada vivienda que construyera y por cada hectárea que preparara para cultivo; se le dio dinero para maquinaria agrícola y para semilla, y la propiedad de 5 mil de las 15 mil hectáreas que le asignaron para la colonia, en la que se establecieron también sus hermanos José y Tomás, y muchos compañeros de la insurrección. Poco después, por el trabajo de los cubanos, aquel lugar al que Maceo puso por nombre La Mansión, era un rico centro agrícola e industrial, productor de azúcar, tabaco, café, cacao, arroz —un remedo de las fincas que tuvo en Cuba, antes de empezar la Guerra Grande, Marcos Maceo.

**1892**. España había logrado mantener desunida a la emigración, al igual que a los separatistas en la isla, y hasta logró crear cierta hostilidad entre los patriotas. En esa campaña actuaron con gran efectividad los que propiciaban un entendimiento con los gobernantes españoles, los autonomistas, el Partido Liberal, y los que favorecían la anexión, ambos enemigos de la independencia. Martí comprendió la necesidad de la acción para lograr la unión de los cubanos, y para llegar a aquélla se puso a crear una base política e ideológica que lograra el milagro. Con sus contactos en Tampa, Cayo Hueso, Filadelfia y Nueva York, fundó el Partido Revolucionario Cubano, reflejo de las aspiraciones que habían manifestado los patriotas cubanos en actividades anteriores, incluyendo las del propio Antonio Maceo. Conjuntamente con el Partido, fundó el periódico *Patria*, el 14 de marzo, que iba a estimular la actividad separatista en las emigraciones y entre los cubanos de la isla. Antes de que terminara el año, Martí ya había comprometido a Máximo Gómez, al visitarlo en Santo Domingo, para que aceptara la dirección de la guerra; luego fue a hacer contacto con los emigrados en Haití, donde conoció a la esposa de Maceo, y a la madre. Poco después, por la muerte de la anciana, escribió en *Patria*: "... mejor será pintarla como la recuerda, en un día muy triste de la guerra, un hombre que estuvo en ella los diez años... fue un día que traían a Antonio Maceo herido... las mujeres todas, que eran muchas, se echaron a llorar... Y la madre, con el pañuelo a la cabeza, como quien espanta pollos, echaba del bohío a aquella gente llorona... Y a Marcos, el hijo, que era un rapaz aún, se lo encontró en una de las vueltas: '¡Y tú [le dijo], empínate, porque ya es hora de que te vayas al campamento!'"

**1893**, 30 de junio. Maceo se entrevista con Martí en Puerto Limón. Allá ha ido Martí después de visitar por segunda vez a Máximo Gómez en Santo Domingo. Poco antes, desde La Mansión, le había escrito Maceo a Alejandro Rodríguez: "Los asuntos de Cuba me pusieron a pique de abandonar mi empresa [en La Mansión]... lo cierto es que lucho conmigo mismo, porque al desatender un deber abandono el otro; el ideal de toda mi vida contenido por obligaciones contraídas..." Maceo aprobó complacido los planes de Martí y Gómez para iniciar la guerra. Primero quiso, sin embargo, hablar directamente con sus amigos en Cuba. Aunque el riesgo era muy grande, con pasaporte ajeno, y sin decírselo a nadie, se embarcó para Santiago de Cuba, y estuvo también en La Habana y en Cárdenas en conversaciones secretas con diversos patriotas, pero tuvo que adelantar su salida del país porque la policía ya estaba sobre su pista: escondido embarcó por Cienfuegos. Al llegar a San José supo de la muerte de su madre, el 28 de noviembre.

**1894**, 8 de abril. Llega a Nueva York, acompañado por su hijo Panchito, el general Máximo Gómez. Satisfecho regresa a Santo Domingo. El hijo se lo dejó a Martí, y juntos se dirigen a Costa Rica para entrevistarse con Maceo. El 6 de junio Martí le detalló el Plan de Fernandina: tres barcos saldrían de un puerto de los Estados Unidos: uno iría a Cayo Hueso a recoger a los generales Serafín Sánchez y Carlos Roloff para trasladarlos a Las Villas; otro iría a Costa Rica a buscar a Maceo, a su hermano José y a Flor Crombet para llevarlos a Oriente; el tercero, después de recoger a Martí, y a los generales Enrique Collazo y José M. Rodríguez en Fernandina, iría a Santo Domingo para reunirse con Gómez y seguir hacia Camagüey; y cada contingente se haría acompañar por un grupo de hombres escogidos por los jefes. Sospechando las autoridades de La Habana que algo grande se preparaba en la emigración, decidieron atentar otra vez contra la vida de Maceo, y el 10 de noviembre, a la salida de un teatro, en San José, varios españoles lo balearon: Maceo logró matar a uno de sus asaltantes, pero él recibió una herida en el muslo. Pronto sanó, pero aún trataron sus enemigos en otras dos ocasiones de envenenarlo. Un amigo de Maceo, Manuel González Zeledón, describió cómo pudieron proteger a Maceo hasta embarcarse para Cuba: conoció este generoso costarricense a un jamaiquino recién llegado a Costa Rica, que ni hablaba español, pero que tenía un gran parecido con el general. Enterado Maceo del plan, le prestó su ropa, y durante varias semanas se paseó por las calles de la ciudad en compañía de los cubanos aunque sin hablar para que no se descubriera la trampa que burló la vigilancia de los espías españoles.

**1895**, 12 de enero. Fracasa el Plan de Fernandina al descubrirse el propósito de la expedición y los alijos de armas. Enterado Maceo, pide 6 mil pesos para ir con sus hombres a Cuba. Martí no pudo complacerlo y le encargó a Flor Crombet la empresa: el tesoro de la revolución había quedado exhausto. El 24 de Febrero se produjo un levantamiento armado en el pueblo de Baire, y por esa misma fecha hubo alzados en Manzanillo, Guantánamo, Jiguaní y en Ibarra (Matanzas). El 1º de abril desembarcaron Antonio y José Maceo, Crombet y sus hombres en la playa de Duaba, cerca de Baracoa, y enseguida tuvieron encuentros con soldados españoles: en uno de ellos murió Flor, de un balazo en la cabeza. Frank Agramonte, ayudante de Crombet, dice en su "Diario" —aún inédito, y que se conserva entre los papeles de Roberto D. Agramonte, su hijo, en los archivos de la Universidad de Miami— que Antonio Maceo "... había cometido la imprudencia de avisar a las Autoridades Españolas [de Baracoa] que él había llegado". Por su cuenta, Martí y Gómez desembarcaron con cuatro compañeros, en Playitas, el día 11. El 5 de mayo Maceo, Gómez y Martí se reunieron en el ingenio La Mejorana. Allí salieron a relucir las discrepancias por las que no se pusieron de acuerdo en 1884; además, Maceo estaba disgustado porque lo sometieron al general Flor Crombet: cuenta en su "Diario" Frank Agramonte que Maceo le dijo en el viaje a Cuba, que Benjamín Guerra, el tesorero del Partido Revolucionario Cubano, y Martí, "...se la iban a pagar por no haber[le] entregado a él el dinero de la expedición, así como la dirección de la misma". Martí anota en su *Diario*, a raíz de la entrevista: "... me habla [Maceo], cortándome las palabras, como si fuese yo la continuación del gobierno leguleyo [de la última guerra], y su representante. Lo veo herido. 'Lo quiero' —me dice— 'menos de lo que lo quería', por su reducción a Flor en el encargo de la expedición, y gasto de sus dineros... En la mesa, opulenta y premiosa, de gallina y lechón... me hiere y me repugna..." Dos semanas más tarde, el 19 de Mayo, murió Martí en Dos Ríos. Después de La Mejorana, Maceo volvió a sus campañas: ataca el poblado del Cristo —cerca de Santiago de Cuba—, derrota a los españoles en El Jobito —cerca de Guantánamo—, y en Peralejo —no lejos de Bayamo— se enfrenta y derrota a Martínez Campos, y allí muere el general español Fidel Santocildes. El 31 de agosto, en el combate de Sao del Indio, los soldados de Antonio y José Maceo le produjeron más de 300 bajas a la columna española dirigida por el coronel Francisco Canellas, lo que le dio al Ejército Libertador, al conocerse la noticia en toda la isla, fama de invencible. Diez y siete años después de la Protesta en los Mangos de Baraguá, desde ese mismo lugar, el 22 de octubre, inició Maceo, nombrado el mes anterior Lugarteniente General, la invasión hacia Occidente. El 29 del siguiente mes, después de cruzar la Trocha de Júcaro a Morón, que los españoles creían invencible, las fuerzas de Maceo, 1500 jinetes y 700 infantes, y las de Máximo Gómez se reunieron en Camagüey: Bernabé Boza, Jefe de la Escolta de Gómez, describió así el encuentro en su *Diario de la guerra*: "Es imposible decir la escena que allí tuvo lugar. En un estrecho abrazo y derramando lágrimas de santo patriotismo, nos confundimos orientales, centrales y occidentales, negros y blancos". La fuerzas combinadas de los dos jefes lograron la que fue quizás la más decisiva victoria del ejército invasor: el 15 de diciembre, el combate de Mal Tiempo le produjo grandes bajas a los españoles y abundante parque a los insurrectos, y quedó abierto el camino para que las tropas de Maceo entraran en Matanzas, y el 23, el combate de Coliseo convenció a Martínez Campos, quien se había refugiado en la capital de la isla, de su incapacidad para detener la invasión; confirma su juicio la entrada de Maceo en la provincia de La Habana el 1º de enero de 1896. El 7 de Diciembre del próximo año, minutos antes de morir Maceo escuchaba complacido de boca del general José Miró lo que éste había escrito sobre el combate de Coliseo; decía que allí "se hundió el astro de su fortuna [de Martínez Campos], cuando aún no era media tarde, en aquel cielo tenebroso..." Maceo, en aquella ocasión, se hizo repetir las palabras de Miró, y le dijo: "¡Eso es lo que a mí me gusta, el eclipse de mi compadre Martinete en aquel cielo tenebroso, cuando aún no era media tarde..." Al entrar en la provincia de La Habana, Gómez y Maceo seguían el plan de destrucción que tanto había servido a los insurrectos en las campañas de Oriente durante la Guerra Grande, y que le serviría de castigo a la riqueza indolente más preocupada por el rendimiento de sus propiedades que por la justicia social y la independencia de su patria: un año más tarde Gómez recordará esos días en la provincia de La Habana en carta al coronel Andrés Moreno, desde Sancti Spíritus, el 6 de febrero; le decía: "Cuando la tea empezó su infernal tarea, y todos aquellos valles hermosísimos se convirtieron en una horrible hoguera, cuando ocupamos a viva fuerza aquellos bateyes ocupados por los españoles, aquellas casas palacios, con tanto portentoso laberinto de maquinarias... cuando yo vi todo eso, le confieso a usted que quedé abismado y hubo un momento que hasta dudé de la pureza de los principios que sustentaba la Revolución... Mas, cuando puse mi mano en el corazón adolorido del pueblo trabajador y lo sentí herido de tristeza, cuando palpé al lado de toda aquella opulencia alrededor de toda aquella asombrosa riqueza, tanta miseria material y tanta pobreza moral; cuando todo esto vi en la casa del colono, y me lo encontré embrutecido para ser engañado, con su mujer y sus hijitos cubiertos de andrajos y viviendo en una pobre choza plantada en la tierra ajena... me sentí indignado y profundamente predispuesto en contra de las clases elevadas del país, y en un instante de coraje, a la vista de tan marcado como triste y doloroso desequilibrio, exclamé: ¡Bendita sea la tea!"

**1896.** A principios del año Maceo cruza con 1500 hombres la Trocha de Mariel a Majana y, el 23 celebra un acto público en el pueblo de Mantua, en el extremo occidental de la isla —allí hizo tremolar la bandera que le habían regalado las mujeres de Puerto Príncipe. Hacía tres meses que había salido la columna invasora de los Mangos de Baraguá, había recorrido victoriosa, en 68 marchas, 424 leguas, había vencido a los ejércitos españoles, destruido la riqueza que perjudicaba la causa cubana, y obtenido el más rico botín de guerra. El periódico *Times*, de Londres, dijo sobre el triunfo cubano: "La campaña de los españoles puede darse por fracasada desde el momento que siendo en número de cuatro soldados por cada insurrecto, no ha podido evitar el éxito constante de los rebeldes mandados por Gómez y Maceo, puesto que ora separados, ora juntos, han cruzado en todas direcciones la isla, sin haber experimentado una derrota de verdadera consecuencia". El 11 de febrero, para sustituir a Martínez Campos, llegó a La Habana el sanguinario general Valeriano Weyler, encargado de establecer el terror para impedir el progreso de la causa de Cuba: tenía, según el juicio de Martínez Campos, la necesaria "crueldad" para dirigir la guerra, toda vez que los cubanos tenían "una generosidad fatal con los heridos y prisioneros" españoles. Ante las salvajes medidas de Weyler contra le gente indefensa, Maceo le escribió a fines de febrero: "A pesar de todo cuanto se había publicado por la prensa respecto de usted, jamás quise darle crédito y basar en ellos un juicio de su conducta: tal cúmulo de atrocidades, tantos crímenes repugnantes y deshonrosos para cualquier hombre de honor, estimábalos de imposible ejecución... Pero, por desgracia, la dominación española ha de llevar siempre aparejada la infamia... En mi marcha durante el actual período de esta campaña, veo con asombro, con horror, cómo se confirma la triste fama de que Ud. goza, y se repiten aquellos hechos reveladores de salvaje ensañamiento... Su nombre de Ud. quedará infamado, y aquí, y fuera de aquí, recordado con asco y horror..." Iniciaba entonces Maceo la Campaña de Occidente, la más difícil por la concentración de tropas que allí se le oponían. En un encuentro en Consolación del Sur, Maceo fue herido, y dos semanas más tarde, el 5 de julio, en Oriente, en Loma de Gato, también frente al enemigo, muere su hermano José, injustamente maltratado por el Consejo de Gobierno de la República en Armas —en el bolsillo llevaba su renuncia a la jefatura del Primer Cuerpo del Ejército—. Después de la muerte de su padre, era el cuarto hermano que perdía Antonio por la guerra: Julio, en 1870; Miguel, en 1874; y Rafael, en 1887—. El 5 de setiembre llega a la Bahía de Corrientes, en Pinar del Río, la expedición armada del general Juan Ríus Rivera, con quien viene Panchito Gómez Toro, el hijo del General Gómez, y pronto se reúnen con las fuerzas de Antonio Maceo. Se suceden los combates en distintos lugares: el de

Montezuelo, el de las Tumbas de Estorino, el de La Manaja, el de Soroa... pero ninguno tan notable como la victoria cubana en Ceja del Negro, cerca de la ciudad de Pinar del Río. A principios de diciembre decide Maceo reunirse con Gómez para conjurar la crisis política del Gobierno y las intrigas contra el general Gómez; decide por eso cruzar hacia el Este la Trocha de Mariel a Majana, y el día 5 tiene un sueño en el que su madre le pedía suspender la lucha y renunciar a más gloria, le decía: "¡Basta de lucha, basta de guerra!" En ese mismo día 5, desde el destruido ingenio La Merced, cerca del Mariel, le escribe al general José María Aguirre, jefe de la división de La Habana, un oficio, cuyo original se reproduce en este libro, en el que le pide que reconcentre sus tropas para acompañarlo en una atrevida operación: para humillar a Weyler, iba a atacar el poblado de Marianao, a las puertas de La Habana... El día 7, un lunes, ya en el campamento de San Pedro, a las dos de la tarde, Maceo descansaba en la hamaca rodeado de su Estado Mayor: Miró le acababa de leer lo del combate de Coliseo. Sonaron tiros: los españoles habían burlado la guardia. A poco el Lugarteniente General estaba sobre el caballo dirigiendo a los suyos. Ordenó al corneta que tocara a degüello. "Esto va bien", dijo: fueron sus últimas palabras: una bala en el rostro lo hizo caer del caballo. Trató de levantarlo el comandante Juan Manuel Sánchez: "¿Qué es eso, general? ¡Eso no es nada! ¡No se amilane!"—le dijo. Maceo abrió los ojos. Un minuto después, estaba muerto.

# Textos*

## I)

*Los enemigos de la independencia siempre acudían al "peligro negro" en defensa de sus ideas: con los acontecimientos de Haití opinaban que una revolución contra España llevaría a sublevar a los esclavos y al exterminio de los blancos. Bien sembrado ese miedo a una "guerra de raza" desde principios del siglo, aún en medio de la Guerra Grande se podía emplear en apoyo de ambiciones personales y envidias. El prestigio y la fama adquiridos por el entonces brigadier Antonio Maceo, sumado a recelos regionalistas, hizo que llegara hasta el gobierno de la República en Armas la calumnia de que él prefería en el mando de sus tropas a los negros sobre los blancos, y que algunos de éstos se resistían a acatar sus órdenes por ser él de "la clase" de color. Si la acusación sólo hubiera lastimado al hombre, la protesta de Maceo habría sido menos airada pero, el daño a la causa de Cuba, al prosperar aquel infundio, hubiera adquirido grandes proporciones. Con el mismo vigor con que le salía al paso a los escuadrones españoles, no menos dañinos que aquella infame imputación de racismo, Maceo le envió al presidente Tomás Estrada Palma una exposición en la que le decía:*

Campamento de Barigua, 16 de mayo de 1876.
Ciudadano Presidente de la República.

Antonio Maceo y Grajales, natural de la ciudad de Cuba, Brigadier del Ejército Libertador, y en la actualidad Jefe de la Segunda División del Primer Cuerpo, ante usted,

---

\* Mientras no se indique otra fuente, las cartas y documentos de esta sección han sido tomados de los siguientes libros, descritos luego en la "Bibliografía": *Antonio Maceo, ideología política*; *Ideario Cubano: Antonio Maceo*; *Epistolario de Héroes*; *Crónicas de la Guerra* [de Miró]; y *Papeles de Maceo*. Los puntos suspensivos indican el lugar en el que se suprimieron pasajes de menos importancia para lo que aquí interesa.

usando la forma más respetuosa, se presenta y expone:

Que de mucho tiempo atrás, si se quiere, ha venido tolerando especies y conversaciones que verdaderamente condenaba al desprecio porque las creía procedentes del enemigo que, como es notorio, esgrime y ha usado toda clase de armas para desunirnos y ver si así puede vencernos; más tarde, viendo que la cuestión de clase tomaba creces y se le daba otra forma, trató de escudriñar de dónde procedía, y convencido de que no era del enemigo... supo hace algún tiempo, por persona de buena reputación y prestigio, que existía un pequeño círculo que había manifestado al Gobierno "no querer servir bajo las órdenes del que habla por pertenecer a la clase", y más tarde por distinto conducto ha sabido que han agregado "no querer servir por serles contrario y poner miras en sobreponer los hombres de color a los hombres blancos"... Y como el exponente precisamente pertenece a la clase de color, sin que por ello se considere valer menos que los otros hombres, no puede ni debe consentir que lo que no es, ni quiere que suceda, tome cuerpo y siga extendiéndose, porque así lo exigen su dignidad, su honor militar, el puesto que ocupa y los lauros que tan legítimamente tiene adquiridos... Y si por evento no creíble se le negare al postulante la justicia que demanda... pide le den sus pasaportes para el extranjero... sin que por esto se entienda ni remotamente que éste sea un pretexto para abandonar el país, y mucho menos ahora que la Patria necesita más que nunca del postrer esfuerzo de todos sus buenos hijos, pues ni está inutilizado, a pesar de las once heridas que en su cuerpo lleva noblemente, ni está cansado, porque el exponente, Ciudadano Presidente, no es de los hombres que se cansan, ni se cansará mientras no vea a su patria en posesión de los derechos que reportarle debe la sangrienta lucha que empeñó en 1868 para librarse de todo aquello que no sea republicano...

*II)*

*Ante un plan sedicioso del general Vicente García para destituir al presidente, disolver la Cámara y confiar el mando supremo de la guerra a un dictador asesorado por un grupo de sus conmilitones, Maceo tuvo ocasión de probar su repudio al divisionismo y su respeto al verdadero espíritu de la insurrección. Según el coronel Fernando Figueredo, testigo excepcional de los hechos, el general García estaba influido por un tal Charles Filiberto Peisso, un aventurero francés, "amigo de la república universal" y "demagogo" con "sueños de socialismo, y hasta de comunismo" para Cuba, residuo probable de la parte infame de la Comuna de París, de 1871. No es infrecuente que ese tipo de oportunistas, movidos por frustraciones personales y resentimientos, aprovechándose de la ingenuidad y la ignorancia de unos, y de la mala fe de otros, se adentren en los movimientos revolucionarios nacionalistas y los envenenen alejándolos de los nobles fines que les dieron origen. Con la habilidad que a veces esgrimen esos oportunistas, Peisso, a quien los cubanos llamaban "Mons. Carlos" y que había logrado llegar a capitán, convenció a los asesores de García, y al propio general, de que el mejor camino para hacer triunfar la causa de Cuba era destruir sus bases para establecer una república "democrática-federal-social" en sustitución de la que habían querido para el país, desde Yara, los patriotas cubanos. De principios del mes anterior era la carta de García a Maceo: en ella trataba de justificar también sus actos de 1875 —el motín de las Lagunas de Varona— y llevar a Maceo a su conspiración: "Ruego a usted", le decía, "que medite bien sobre la situación y... contribuya a la salvación de la patria"; Maceo le contestó indignado:*

S. Agustín, julio 5 de 1877.
Mayor General Vicente García.
    Estimado amigo:
..........................................

No es por cierto el mejor camino el que usted ha tomado para unir a los patriotas, porque si existen disensiones entre éstos, no son tales que haya sido necesario apelar a tan reprobables medios, como son de los que se vale usted para reclamo de los suyos; pues para satisfacer las aspiraciones del pueblo no es necesario autorizar la desobediencia al gobierno constituido y a las leyes, como sucedió en las Lagunas de Varona y como sucede en lo que usted me participa...

Indignación, desprecio me produce su invitación al desorden y desobediencia de mis superiores, rogándole se abstenga en lo sucesivo de proponerme asuntos tan degradantes que sólo son propios de hombres que no comprenden los intereses patrios y personales. Al hacerme dicha manifestación, debió tener presente que antes que todo soy militar. Para mí nada implica la amenaza que hace a este distrito, porque siempre apoyaré al Gobierno legítimo y no estaré donde no pueda existir orden y disciplina, porque vivir de esa manera sería llevar la vida del bandolerismo...

Nada tengo que meditar, porque no estoy separado de la ley para ocuparme de asuntos que no me corresponden, debiendo significarle que me ha herido profundamente la falta de respeto de hacerme las proposiciones de que ejerza mi influencia en las personas que me son adictas para hacerme solidario de una idea que rechazo, y sabiendo usted que para servir a mi patria no necesito hacer uso de medios tan degradantes...

*III)*

*Como después del Pacto del Zanjón, ya en el extranjero, Maceo siguió trabajando para reanudar la guerra de Cuba, los españoles lo vigilaban. En varias oportunidades trataron de asesinarlo. Y, como parte de la campaña para lograr su descrédito, hicieron correr el rumor de que había recibido dinero para deponer las armas en 1878, y que estaba comprometido a no empuñarlas de nuevo. Otros insurrectos sí aceptaron del general Martínez Campos fuertes sumas para rendirse, pero Maceo tenía un alto sentido del honor que le impedía realizar actos de tal naturaleza. En la carta que sigue, enviada a un amigo desde las Islas Turcas mientras conspiraba para iniciar la Guerra Chiquita, desmiente el rumor y expone las razones de su conducta frente al enemigo:*

Gran Turk, T.J. Agto. 27 de 1880.
Sor. C. G. Moore.
Presente.
    Distinguido Sr. y amigo:
..........................................
    Sé que la calumnia siempre encuentra cabida en los corazones innobles... Ni un solo español ni cubano podrá decir, sin que falte a la verdad, y sin que aparezca como un miserable calumniador, que he contraído compromisos con las autoridades españolas durante mi vida pública... El Gral. Campos aceptó mi salida por sus líneas porque así convenía a sus intereses de triunfo... Los hombres que, como yo, luchan por la emancipación de un pueblo y por el mejoramiento de los hombres negros que yacen en Cuba en la más cruel servidumbre, no venden su reputación a ningún precio, y sí dan en aras de sus principios lo más preciado en la vida. Lo único que yo aceptaría gustoso de mis enemigos fuera el sangriento patíbulo que otros de mis compañeros más afortunados que yo han sabido ir a él con la frente erguida y la tranquilidad de conciencia del que se sacrifica por la justa y santa causa de la libertad...

*IV)*

    *El asedio sobre Maceo, por su popularidad entre los separatistas de la isla, llevaba a los españoles a los más bajos procedimientos para destruir al líder cubano: la calumnia y el asesinato fueron los recursos también preferidos por Camilo Polavieja, a quien sus admiradores* llamaron el *"general cristiano"*. Había éste logrado precipitar los acontecimientos que llevaron a la Paz del Zanjón, y con la mayor pericia y suerte acababa de derrotar a los hombres que se alzaron con el general Calixto García.

Ante la campaña para su descrédito y las amenazas de muerte, la respuesta de Maceo se hizo necesaria: en una carta y unos *"Comentarios"* que hizo publicar en un periódico de Cayo Hueso, puso al descubierto las actividades de los gobernantes españoles, pero con la denuncia dejó Maceo para sus contemporáneos y para la posteridad, en ese documento, una acabada exposición de sus ideas.

En la carta que precedió los *"Comentarios"*, que siguen, Maceo le explicaba a Polavieja el motivo de hacer públicas sus declaraciones; quiere, le dice, recordarle al gobierno español que es *"su enemigo descubierto"*; a sus compatriotas, hacerles saber que espera la oportunidad de ponerse *"nuevamente al lado de la bandera de la razón y el derecho"*; y ante el mundo entero denunciar los procedimientos *"que pone en juego el gobierno de la culta España para librarse de un enemigo franco, recto e invariable en sus ideas"*. Y añadía: *"No conforme su gobierno con las propagandas que contra mí hace circular a peso de oro, ha acariciado hace tiempo la pobre idea de asesinarme, como lo ha intentado varias veces, en el 70, el 74 y el 79, y en Haití y Santo Domingo, y por último en esta ciudad [Kingston] por segunda vez"*.

Como siempre que se enfrentan la verdad y la mentira en asuntos de moral, el mentiroso recurre a la falsificación del programa de su contrario, a torcer las normas y costumbres que rigen la conducta del otro, para que no se descubra dónde radican la razón y la justicia. Así empieza su magnífico alegato Maceo para continuarlo con una serie de planteamientos que pueden resumirse en lo que sigue: 1) Cuba no podrá cumplir su destino si se mantiene unida a España; 2) la propiedad que por su mal origen o porque está *"en contradicción con el progreso de las instituciones sociales"*, es necesario orillarla *"a todo trance"; 3) los trabajos que realiza por Cuba la generación de Maceo pretende "el triunfo del derecho de todas las generaciones" futuras; 4) el fin de la lucha no es el de establecer "el monopolio de un elemento sobre los demás", siempre, advierte, estará "al lado de los intereses sagrados del pueblo todo e indivisible sobre los mezquinos de partido"; y, por último, 5) declara que la suya "no es una política de odios", sino "una política de amor", por lo que el lema que considera más apropiado "para que luzca en la bandera" suya, es "Dios, Razón y Derecho".*

Kingston, Jamaica, 14 de junio de 1881.

..................................................

Como se lee en la carta que precede [a Polavieja], fue siempre mi intención publicarla acompañada de una exposición detallada... para que en lo sucesivo no haya quien incauto o malicioso haga causa común con el gobierno español torciendo mis intenciones o falsificando mis ideas...

A todos los cubanos sin distinción de razas ni colores me dirijo, y me dirijo también a todo el mundo, porque todo el mundo se interesa en el conocimiento de la verdad. Con las manos sobre mi corazón y la mirada a Dios hago constar para siempre mi convicción profunda de que si Cuba debe cumplir alguna misión en la vida, si ha de girar en el concierto de los pueblos cultos, si fines superiores están delineándose en el destino humanizador de nuestro pueblo, no es ciertamente unido a España como lo podrá efectuar...

Siempre estaré por la salvación de mi Patria sobre el triunfo de mis individuales intereses; y siempre estaré al lado del principio racional, aunque para ello necesite estar de frente con las condiciones del actual momento... Mucho respeto me inspira la propiedad, sobre todo la bien adquirida; pero es de notar que, si es legítima, la ciencia económica y la razón con sendos irrebatibles argumentos la defiende, si no, puede ponerse en contradicción con el progreso de las instituciones sociales, y a este estado sólo debe tenerse como un mero obstáculo que es fuerza orillar a todo trance...

No trabajamos principalmente para nosotros ni para la presente generación, bien al contrario, muévenos sobre todo el triunfo del derecho de todas las generaciones que se sucedan en el escenario de nuestra Cuba, y no creeremos nunca que por una hora de vanidad o de egoísmo se debe comprometer la felicidad de muchos siglos...

Jamás me he hallado afiliado a partido alguno. Siempre he sido soldado de la libertad nacional que para Cuba deseo, yo nada rechazo con tanta indignación como la pretendida idea de una guerra de raza. Siempre, como hasta ahora, estaré al lado de los intereses sagrados del pueblo todo e indivisible sobre las mezquinas de partido, y nunca se manchará mi espada en guerras intestinas que harían traición a la unidad interior de mi Patria, como jamás se han manchado mis ideas en cuestiones pequeñas. No se trata de sustituir a los españoles en la administración de Cuba, y dentro de esto, del monopolio de un elemento sobre los demás; bien al contrario, muévenos la idea de hacer de nuestro pueblo dueño de su destino, poniéndolo en posesión de los medios propios de cumplir su misión como sujeto superior de la Historia, según hemos dicho ya, para cuyo fin necesita ser unido y compacto...

No es una política de odios la mía, es una política de justicia en que la ira y la venganza ceden en favor de la tranquilidad y la razón, es decir, una política de amor; no es una política exclusiva, es una política fundada en la moral humana. Y por eso cuando invoco el nombre sagrado de la Patria, no llamo en mi auxilio la habilidad, precepto inmoral de todo sistema transitorio, llamo sin ambages ni rodeos el apoyo de la Razón y del Derecho que es bajo la Razón una y entera de la vida. El lema que juzgo más elocuente para que luzca en la bandera de nuestra revolución, es decir: Dios, Razón y Derecho... No odio a nadie ni a nada, pero amo sobre todo la rectitud de los principios racionales de la vida. No me preocupa el aplauso, ni temo la censura, sino únicamente por la responsabilidad que contrae ante la Historia el que de algún modo sirve los intereses de la Humanidad. Y si tales cosas conozco y alimentan mi corazón, traicionaría mi alma faltando alguna vez a lo que consignado queda...

*V)*

  *Al llamado de Martí, en 1882, desde Nueva York, responde Maceo agradecido y entusiasta ante la posibilidad de volver a la guerra por la libertad de Cuba. Con la misma fecha le había escrito Martí a Máximo Gómez, también entonces en Honduras; y le decía: "Ud. sabe, general, que mover un país, por pequeño que sea, es obra de gigantes. Y quien no se sienta gigante de amor, o de valor, o de pensamiento, o de paciencia, no debe emprenderla". Maceo, que tenía todas esas alturas, como era de esperarse, se ofreció generoso, y le contestó:*

Puerto Cortés, noviembre 29 de 1882.
S. Don José Martí.
Brooklyn.
  Distinguido señor y amigo:
  Circunstancias me obligaron retardar la contestación de su carta.
  Para hacer referencia a la suya con fecha 20 de julio, permítame la franqueza de titularlo mi amigo, porque siéndolo de la causa de Cuba quiero serlo de Ud...
  Mi espada y mi último aliento están al servicio de Cuba; si ella necesitare hoy o mañana de mí, puede llamarme segura de que halagará infinitamente mucho mis deseos de servirla... Para la nueva lucha se necesitan unidad de acción, organización y dinero, y ninguno de esos elementos ha estado a mi alcance para haber cumplido con el vehementísimo deseo de ver a mi patria libre y feliz por su organización política...
  El elemento militar de que se puede disponer, está preparado ya para combatir; sólo falta que Uds., y sobre todo Ud., que están llamados a hacer la revolución de las ideas, preparen el ánimo del pueblo cubano para un

pronunciamiento general, al que en condiciones de una lucha formal dirigiremos nosotros en horas oportunas...

Forme Ud., pues, una masa compacta de todo el elemento cubano, y avise cuando crea llegada la hora, que para mí ya debía haber sonado, el momento de todos mis placeres: la guerra "por Cuba"...

*VI)*

*Al dirigirse al general Maceo para interesarlo en sus planes revolucionarios, Ramón Leocadio Bonachea lo hacía al amparo de sus ricos méritos militares. Nacido en Las Villas, Bonachea se unió a la guerra en 1869 aún sin cumplir los 19 años. Se distinguió en muchos combates logrando en una oportunidad derrotar las tropas que comandaba Polavieja. Cuando se produjo el Pacto de Zanjón, al igual que Maceo, se negó a aceptarlo, y siguió en armas hasta que impotente, también como el otro, salió de la isla sin aceptar ninguna recompensa de los españoles. Al llegar al exilio se puso a organizar un levantamiento: viajó por las Antillas, Centroamérica y los Estados Unidos en busca de apoyo para sus planes y, en 1883, quiso en ellos interesar a Maceo. Como se ve en la respuesta del general, éste, prudente, trató de disuadirlo, al tiempo que dejaba allí otra vez constancia de su disposición para servir y de lo que quería para el futuro de Cuba. Bonachea no hizo caso de los consejos de Maceo y un año más tarde llevó desde Jamaica una expedición armada a la isla: lo apresaron, y fue pasado por las armas con sus compañeros en Santiago de Cuba. Ésta fue la respuesta de Maceo:*

Puerto Cortés. Octubre de 1883.
Señor Teniente Coronel Don Ramón Leocadio Bonachea.
Santo Domingo
    Mi estimado amigo:
    Tengo a la vista su apreciable carta fecha 13 de septiembre próximo pasado, que contesto como sigue, ya

que no lo había hecho con otras que Ud. se ha dignado dirigirme, pues deseo que tanto Ud. como otros patriotas sepan cómo pensamos por acá...

Yo por mi parte, porque no tengo títulos que me hagan superior a los demás, le confieso que presto ciego homenaje al mérito, porque aun teniéndolo yo, lo haría siempre que se tratase de Cuba, pues la deseo independiente de manos de quien venga... Yo creo que sus pasos lo encaminan a un mal desenlace, cosa que sentiré mucho por los males que ocasionará a nuestra causa, y por los sinsabores que a Ud. mismo le proporcionarán, porque todos van precedidos de la denuncia de ellos mismos. Usted sabe lo poco conocido que es Ud. entre los hombre de armas tomar...

A mi juicio, no es honrado violentar una revolución que no tenga por objeto el laudable fin de encerrar en sí todos los elementos que deban concurrir a ella... El porvenir de Cuba le pertenece a un pueblo entero y no tenemos el derecho de disponer de él en discordia con sus intereses político-sociales, pues si es verdad que los primeros deben llamar a los últimos para enseñarles su camino, también lo es que debemos respetar esa misma circunstancia, cumpliendo con los deberes morales que nos impone la patria, sin atropellar ninguna consideración social que pueda afectar la familia cubana, o una parte de ella en sus propios intereses políticos...

*VII)*

*Acabado de constituirse en Nueva York el Comité Revolucionario Cubano, su secretario, Cirilo Pouble, le escribió a Maceo también para interesarlo en sus trabajos conspirativos. De nuevo esta respuesta sirve como ejemplo de algunas de sus actitudes ante el problema cubano, y de sus ideas respecto al futuro del país: su voluntad de luchar sin reservas por el porvenir, y saltar sobre discrepancias en los métodos de lucha. Un principio sí considera "indispensable": "Alejar de sí toda idea de predominio en la esfera social, así como toda pretensión de mando en lo militar".*

[Puerto Cortés] Noviembre 24 de 1883.
Don [Cirilo] Pouble Allende.
Nueva York
    Distinguido señor y compatriota:
..........................................
    No me ocupo del pasado, pienso en el porvenir que le está reservado a Cuba. Ésta tiene su asiento en el banco de las Naciones libres e independientes, y mi voluntad le pertenece de corazón. Para nuestra causa tengo mi espada y la ceñiré cuando podamos afrontar esa guerra regeneradora por el principio que defienda y guarde sus instituciones...
    Que difiramos en la forma no quiere decir que dejemos de trabajar en favor de la causa; por el contrario debemos hacerlo buscando la unión, pues de las ideas compartidas en armonía resultan su mejoramiento, contribuyendo a engrandecer la obra común.
    Para redimirnos es indispensable alejar de sí toda idea de predominio en la esfera social, así como toda pretensión de mando en lo militar. En ambos casos los hombres se distinguen por sus propios méritos sin que tengan que hacer grandes esfuerzos y exponer la causa que defienden a las eventualidades de la fortuna...

*VIII)*

    *A principios de abril de 1884 salió de Cayo Hueso una expedición armada que había financiado el Comité Revolucionario Cubano de esa ciudad. Iba al mando de ella Carlos Agüero. La formaban 40 hombres: desembarcaron en Varadero y muy pronto se adentraron en la provincia de Matanzas para llegar hasta el sur de Las Villas. Tuvieron numerosos encuentros con los españoles mientras incendiaban en su camino cañaverales, comercios y poblados. Al año siguiente, ya muy reducidas sus fuerzas, Agüero fue muerto por agentes de la Guardia Civil. Ante el temor de una nueva guerra que afectara los intereses azucareros de la isla, España, con la ayuda de los anexionistas criollos, empezó a circular el rumor de que se gestionaba la intervención norteamericana. A San Pedro Sula, donde se encontraba Maceo, llegó noticia de dichos planes, por lo que le escribió a José Dolores Poyo, secretario del Comité Revolucionario y director del periódico El Yara, para advertirle de los peligros que significaba meter a los Estados Unidos en el problema de Cuba: los cubanos, le dice, no quieren ser "dominados nuevamente; queremos independencia y libertad"*

San Pedro, junio 13 de 1884.
Sr. Director de El Yara.
Cayo Hueso.
    Distinguido compatriota:
............................................
    Acá, en mi retiro, y cuando preparaba unir mis pequeños esfuerzos a los de Uds., llega a mi noticia la nueva trama que pretenden pegarnos los españoles, fingiendo arreglos importantes para los cubanos, en que aparece la intervención de extrañas naciones. ¿Habrá ilusos como los del Zanjón que les crean? No es posible, aquel golpe enseñó a los ignorantes y no creo que de buena fe se entreguen a sus enemigos...
    Cuba será libre cuando la espada redentora arroje al mar sus contrarios. La dominación española fue mengua y baldón para el mundo que la sufrió, pero para nosotros es vergüenza que nos deshonra. Pero quien intente apropiarse de Cuba recogerá el polvo de su suelo anegado en sangre, si no perece en la lucha. Cuba tiene muchos hijos que han renunciado a la familia y al bienestar por conservar el honor y la Patria. Con ella pereceremos antes que ser dominados nuevamente: queremos independencia y libertad. Conviene no apurar la protección americana, antes bien tenerla de nuestra parte...

*IX)*

*Cuando Martí vio en 1891, durante la Conferencia Internacional Americana, celebrada en Washington, la amenaza expansionista de los Estados Unidos, precipitó los acontecimientos para asegurar con la guerra la independencia de su patria: se dedicó entero a la causa de Cuba y fundó el Partido Revolucionario Cubano. El mismo peligro se había visto en 1884, y la misma reacción que luego tendría Martí tuvieron Máximo Gómez y Antonio Maceo: salieron en viajes de propaganda para recaudar fondos. El artículo primero de las Bases del Partido de Martí iba a proclamar su intención de "lograr con los esfuerzos reunidos de todos los hombres de buena voluntad, la independencia absoluta de la Isla de Cuba, y fomentar y auxiliar la de Puerto Rico" —no sólo por justicia con la isla hermana, y para eliminar la presencia española en el continente, sino también por cumplir con las aspiraciones de amigos muy queridos de Cuba: el general Ríus Rivera, Ramón Emeterio Betances, Eugenio María de Hostos...—; el mismo propósito tuvo Maceo, quien salió con Gómez en trabajos preparatorios que anuncian los que siete años más tarde, con mayor fortuna, realizaría Martí. En esta carta se despide de un amigo y le habla de sus aspiraciones y proyectos:*

San Pedro, 6 de julio de 1884.
Sr. Don Anselmo Valdés.
Santa Rosa.
      Apreciable señor y gran amigo:
      Llegó el día de mover nuestro Ejército y la oportunidad de hacerle confidente de proyectos y futuros planes. Para ocuparnos de la Patria, he dejado el destino que me proporcionaba el sustento de mi familia, porque nuestra esclavizada Cuba reclama de sus hijos que la emancipen de España... La Patria soberana y libre es mi único deseo, no tengo otra aspiración. Con la soberanía nacional obtendremos nuestros naturales derechos, la dignidad

sosegada y la representación de pueblo libre e independiente... Cuando Cuba sea independiente solicitaré del Gobierno que se constituya, permiso para hacer la libertad de Puerto Rico, pues no me gustaría entregar la espada dejando esclava esa porción de América; pero si no coronare mis fines, entregaré el sable pidiendo a mis compañeros hagan lo mismo...

*X)*

*Para dejar preparada una expedición que saldría hacia Cuba al iniciarse las hostilidades, Maceo viajó a México. En Veracruz hizo que se fundara un club revolucionario que serviría como centro de operaciones. En esta carta que dirige a un emigrado en aquella localidad, otra vez deja ver su determinación de no esperar "soluciones extrañas" a fin de que Cuba se hiciera "reina absoluta de sus destinos".*

A Rodolfo Méndez de la Peña.
[Veracruz, abril de 1885]
Sr. Rodolfo Méndez.
Mérida.
  Estimado compatriota:
  Ayer llegué a esta ciudad comisionado por el Sr. General Máximo Gómez, Jefe del nuevo movimiento revolucionario que venimos encadenando años ha, con el propósito de organizar estos centros de emigración y levantar fondos para libertar a Cuba de la dominación extranjera que la oprime y la veja...
  Nosotros hemos provocado una nueva revolución con todas las probabilidades de éxito; tenemos nuestro pasado y el mismo ejército, robustecido con mejores conocimientos y sin los trabajos que el mecanismo anterior presentó al desarrollo de la causa. Además, la situación económica, política y social de España y Cuba no puede ser peor...¿Qué sucederá de eso? Una desastrosa anarquía que echará por

tierra ese viejo edificio; pero suceda lo que suceda, Cuba no debe ni puede esperar soluciones extrañas; su porvenir está en hacerse reina absoluta de sus destinos y recoger a sus hijos proscritos por la tiranía de su opresor...

## XI)

*Antes de empezar la Guerra de los Diez Años, Maceo y su familia formaron parte de la pequeña burguesía negra y mulata de Santiago de Cuba. Muchos de los que pertenecieron a ese grupo social que estaba entre los blancos —cubanos, españoles y franceses— y los esclavos, tuvieron, a su vez, según se ha indicado, esclavos a su servicio: así Marcos Maceo. Pero ese antecedente no impidió que Antonio, con todos los suyos, repugnara de la esclavitud, y que por combatirla expusiera tantas veces su vida. Durante su visita a Nueva York, en 1878, la* American Foreign Anti-Slavery Society *celebró un acto en su honor, y allí se le dijo: "Usted ha exigido como precio de su adhesión a la libertad la abolición de la esclavitud. Pocos hombres en la historia del mundo han tenido la buena fortuna de hallarse en una posición tan honrosa como la de usted, y ninguno ha ocupado una más noble..."*
*Las palabras de Maceo en la carta que sigue, al Dr. Eusebio Hernández, su compañero en la guerra y en el destierro, sirven para mejor entender su postura ante el grave problema de la esclavitud, y su sensibilidad ante el asunto. El motivo de sus comentarios, aunque no lo dice, fue la lectura del libro de José Ignacio Rodríguez* Vida de don José de la Luz y Caballero, *publicado en Nueva York en 1874. En dicha obra Rodríguez elogia a su maestro, a quien llama "sabio virtuoso... que amaba a su patria, la isla de Cuba, con el amor purísimo de que sólo son capaces los espíritus tan bien templados como el suyo... soñando siempre con el engrandecimiento, la felicidad y el progreso de su país, en el sentido cristiano y filosófico de estas palabras..." Pero Rodríguez, aunque califica a Luz y*

Caballero de *"abolicionista ardiente"*, *y de él dice que "jamás tuvo ni consintió en tener él mismo un solo esclavo", reconoce que "jamás pronunció una palabra declamatoria contra los amos de esclavos ni propuso tampoco plan alguno para la emancipación de estos últimos..." Pero lo que más hubo de molestar a Maceo debió ser la lectura del testamento de Luz y Caballero, reproducido como un "Apéndice" en el libro de Rodríguez, en el que "lega" un grupo de esclavos de manera semejante a como legó a algunos amigos libros de su biblioteca. En 1947 el investigador Manuel I. Mesa Rodríguez descubrió e hizo públicos ciertos documentos con los que quiso probar que "Luz nunca fue poseedor de esclavos" toda vez que los mencionados en su testamento en realidad pertenecían a su esposa, Mariana Romay. Maceo, además, no pudo tener mayor aprecio por el educador "del privilegio cubano", como lo llamó, toda vez que Luz y Caballero no comprendió jamás la necesidad de recurrir a métodos radicales para salvar el país, pues su teoría, basada en sus creencias evolucionistas, era "salvar la sociedad mas bien que arrastrarla a una revolución". El severo juicio de Maceo sobre don Pepe deja ver buena parte de su pensamiento sobre asuntos a los que era particularmente sensible: la esclavitud como origen de grandes males del país, entre los que no eran los menores el abuso del negro y el racismo del blanco; y el daño que hizo con su fe en los cambios progresivos y pacíficos de la sociedad, lo que sirvió a España en perjuicio de la revolución y de la independencia.*

New York, julio 30 de 1885.
Sr. Dr. Eusebio Hernández.
Kingston.
      Mi muy querido amigo:
..................................................
      La esclavitud del hombre por el hombre, fue sostenida por él —Don Pepe de la Luz y Caballero—, tan desinteresado como aparece hoy por nuestros historiadores, testó sus esclavos cuando desaparecía de esta babel de

miserias humanas para confundirse en la otra vida con los impíos; no hubo pureza en José de la Luz y Caballero... Pepe de la Luz fue el "educador" del privilegio cubano; no fue "tan desinteresado". Carecía de "religiosidad", de esa bondad humana de que quieren revestirle sus admiradores; no era un "hombre ornado con todas las perfecciones" que le atribuyen al gran educador. ¿Para quién preveía un tiempo glorioso? ¿Para esa juventud que le recuerda con justa gratitud? ¡Ah! Estudie bien ese asunto, y desapasionadamente juzgue de él echando un velo a todo el beneficio que Ud. y otros hayan recibido de aquel hombre, dirigiendo la vista hacia tantos que el egoísmo material tiene postrados en la más profunda ignorancia. ¿Puede haber justicia donde no es igualmente distribuida? Ud. me contestará que las instituciones españolas se lo prohibían; pero eso no es exacto; Don Pepe tenía influencia y mucho talento que pudo ejercer en beneficio de todos, como lo hizo en favor de algunos; pero era imposible, el hombre no tenía grandes sentimientos; se confundió con Saco. El uno proclamó la conservación de la esclavitud, que es lo mismo que declarar eterno el gobierno de España en Cuba, y el otro heredó y sostuvo la esclavitud que testó a su muerte. ¿Dónde está, pues, esa decantada grandeza? Caballero no completó su obra; fue buen hombre, tenía talento para la enseñanza, pero la ejerció mal. No fue político, tuvo miedo y le faltó valor para realizar la obra que, sin darse cuenta, acometió, retrasándola con sus pensamientos de evoluciones...

Si tantos juicios apasionados creen que aquel hombre cumplió su misión en la vida, conformándose con dejar incompleta la obra de instrucción y regeneración de un pueblo, podríamos dar por concluida la nuestra, por el mero hecho de haberla empezado con el sacrificio de tantos que han perecido en la contienda; pero no debe ser así, si queremos que el mundo aplauda nuestras grandezas...

*XII)*

*Por falta de recursos y grandes contratiempos, Gómez y Maceo se vieron obligados, a fines de 1886, a suspender los trabajos que hacían para reanudar la guerra de Cuba. Un mes antes de retirarse de nuevo al exilio, esta vez en Panamá, Maceo le escribió la carta que sigue a José A. Rodríguez, veterano de la Guerra de los Diez Años, quien entonces dirigía en Nueva York el periódico* El Imparcial. *Con razón se ha considerado este escrito una de las más completas exposiciones del pensamiento político y militar de Maceo, el cual, sin duda, anuncia ideas que años más tarde le habrían de servir a Martí para fundar el Partido Revolucionario Cubano, y luego para iniciar la insurrección. Maceo confirma en estas páginas su repudio de todo tipo de dictaduras; le dice a su antiguo compañero de armas: "Yo desearía para mi país un hombre que tenga la virtud de redimir al pueblo cubano de la soberanía española, sin haber tiranizado a sus redimidos..."; y proclama su vocación democrática por la que todos los cubanos tendrían derecho a expresar libremente sus opiniones y a participar en el manejo del país; agrega: "Nuestras aspiraciones son amplias, y en ellas caben todos los hombres, cualquiera que sea su modo de pensar y el juicio que formen de las cosas. Si libre fuera su voluntad y decir, libérrima y generosa debe ser nuestra soberanía..."; y, por último, condena a los autonomistas, "hijos naturales del fracaso", los cuales, por preferir "el parlamento a las armas", habían debilitado la causa cubana al dividir a muchos que la defendían.*

Kingston, noviembre 1º de 1886.
Sr. José A. Rodríguez.
New York.
      Estimado compatriota:
      El título de su bien redactado periódico me ha sugerido la idea de dar a Ud. mi opinión sobre los asuntos de Cuba, y lo que ansía mi humilde personalidad para la

Patria...
　　　Perseveremos y venceremos. Mi única y exclusiva aspiración, en nuestra revolución por la independencia patria, ha sido, es y será hacer la guerra al gobierno de España en Cuba; no abrigo otra esperanza, ni tengo otra ambición; pero causas bien conocidas, ajenas a mi voluntad y buen deseo, me han alejado del teatro de las armas redentoras...
　　　Las bastardas ambiciones nunca conducen al bien común de los pueblos, y son indignas de nuestra causa; no merecen el honor del sacrificio que hacemos por obtener nuestra soberanía nacional...
　　　Yo desearía para mi país un hombre que tenga la virtud de redimir al pueblo cubano de la soberanía española, sin haber tiranizado a sus redimidos, y que no ambicione otra fortuna que la conquistada por ese medio...
　　　Nuestras aspiraciones son amplias, y en ellas caben todos los hombres, cualquiera que sea su modo de pensar y el juicio que formen de las cosas. Si libre fuera su voluntad y decir, libérrima y generosa debe ser nuestra soberanía...
　　　Una vez formada la Directiva del Partido Independiente, conseguiría de los diferentes Centros cubanos —que los hay muchos y distinguidísimos—, como amantes de las libertades patrias, que armasen a tantos jefes expedicionarios como les fuese posible equipar y enviar a Cuba con la cooperación de sus respectivos oficiales. El Jefe Supremo de la guerra... armando pequeñas expediciones, ocuparía toda la Isla, haría más fácil y pronta la invasión y obligaría al enemigo a distribuir sus fuerzas con relación al movimiento... Yo entiendo que la invasión, cualquiera que sea el número y calibre de las expediciones, deberá hacerse lo más simultánea posible y con conocimiento exacto de las fuerzas que en Cuba quieren favorecernos... Valen más diez expediciones por distintas provincias que veinte por una sola...
　　　Los autonomistas, queriendo girar en su verdadero campo de acción (la oratoria), y deseosos de llegar al fin de todos los cubanos deseado, prefirieron el parlamento a las

armas, subdividiendo el partido cubano y la conveniencia de seguir unidos... Ellos deben su existencia política al Partido Independiente, y se sostienen a nuestro calor; son hijos naturales del fracaso... Débiles e impotentes como son para la lucha contra el gobierno que se siente protegido por ellos mismos, les obligará, si nuestro movimiento no ofrece seguridad a su partido, a nuestro fracaso revolucionario y a cometer toda clase de atropellos...

*XIII)*

*Parecía que un acto del drama de Cuba llegaba a su fin para iniciar uno nuevo. Apenas fracasado el empeño revolucionario de Gómez y Maceo empezó a gestarse otro: Martí iba a ser ahora el protagonista. Citó a los cubanos de Nueva York para celebrar el 10 de Octubre y pronunció uno de sus más hermosos discursos políticos: "Prever es el deber de los verdaderos estadistas: dejar de prever es un delito público: y un delito mayor no obrar, por incapacidad o por miedo, en acuerdo con lo que se prevé...¡La tiranía no corrompe, sino prepara!..." Poco después se reunió con un general de la Guerra Grande y juntos analizaron la posibilidad de hacer triunfar una insurrección en la isla; y el 16 de diciembre le escribe a Maceo en una carta que firma con otros emigrados: "La hora parece llegada...La revolución surge, y nosotros podemos organizarla con nuestra honradez y prudencia..."; y en 5 puntos resume lo que cree necesario hacer: 1) "Acreditar, disipando temores y procediendo en virtud de un fin democrático conocido, la solución revolucionaria"; 2) organizar la parte militar de la revolución; 3) unir todas las emigraciones; 4) "Impedir que las simpatías revolucionarias en Cuba se tuerzan y esclavicen por ningún interés de grupo, para la preponderancia de una clase social, o la autoridad desmedida de una agrupación militar o civil, ni de una comarca determinada, ni de una raza sobre otra"; y, por último, 5) impedir que la propaganda anexionista debilite "la fuerza que vaya adquiriendo la solución revolucionaria"*. Y Maceo, en aprobación de esos planes que siguen los lineamientos generales que ya él había expresado, le contesta:

Bajo Obispo [Istmo de Panamá], 4 de enero de 1888.
Sr. José Martí.
Nueva York.
    Distinguido compatriota:
    A reserva de contestar por el próximo vapor la carta suscrita por Ud. y otros apreciabilísimos paisanos consultando mi parecer "sobre el modo más rápido y certero" de llevar nuevamente a Cuba una guerra de independencia —lo que no hago ahora por hallarme en cama presa de fuerte calentura—, ¿qué decirle por la presente sino que esa carta escrita de mano maestra y con la elevación y sensatez del verdadero patriotismo ha venido a demostrarme, una vez más, que no debemos desesperar de nuestros destinos, ni nunca desalentarnos ante los obstáculos que necesariamente hemos de encontrar en nuestro camino y vencer antes de llegar al anhelado fin?
    Hoy como ayer y siempre, Sr. Martí, y así puede Ud. comunicarlo a los señores que con Ud. firman esa carta que tanto me honra y que ha venido a endulzar un tanto la amargura de mi obligado ostracismo, hoy como ayer pienso que debemos los cubanos todos, sin distinciones sociales de ningún género, deponer ante el altar de la patria esclava y cada día más infortunada, nuestras disensiones todas y cuantos gérmenes de discordia hayan podido malévolamente sembrar en nuestros corazones los enemigos de nuestra noble causa.
    Para lograr ese fin, pienso con Uds. que debemos desde ahora, y en presencia de los acontecimientos que rápidamente se desenvuelven en Cuba, organizarnos para el día, próximo ya, en que cansado el pueblo de sufrir la ignominia de la servidumbre y sin fe en los vergonzosos ideales autonómicos que pregonan hoy muchos de sus hijos, y antiguos y siempre queridos amigos nuestros, busque la

solución de sus desgracias y la salvación de su porvenir, en aquellos hermosos campos regados ya ¡ay! con la preciosa sangre de tantos mártires y héroes, enarbolando otra vez la gloriosa bandera que alzaron valientes en Yara, Céspedes y Aguilera...

La unión cordial, franca y sincera de todos los hijos de Cuba, fue en los campos de Cuba, tanto en los días prósperos como en los nefastos de nuestra guerra, el ideal de mi espíritu y el objetivo de mis esfuerzos; ¿podré hoy que andamos dispersos por todos los rincones de la tierra, huérfanos de patria y de hogar, pensar de distinto modo?

La unión, amigos, se impone por fuerza a nuestro patriotismo; pues sin ella serán estériles todos nuestros sacrificios y se ahogarán siempre en sangre nuestras más arriesgadas empresas. Contad, pues, con que a alcanzarla contribuiré con todas las fuerzas de mi espíritu y toda la autoridad que me dan mi pasado y los servicios por mí prestados a la causa de nuestra libertad.

Sirvan, pues, estas líneas de acuse de recibo, Sr. Martí, y entretanto vuelvo a coger la pluma para seguir ocupándome de asuntos para mí tan gratos, reciba y trasmita mis más expresivas gracias a cuantos con Ud. se sirvieron honrarme dirigiéndome la carta de que he venido haciendo referencia...

## XIV)

*Otra vez se hace evidente, en la carta que siguió a la anterior, la vocación democrática de Antonio Maceo, su respeto a la voluntad popular. Martí le había pedido "su parecer", y le adelantaba: "Usted, como nosotros, no ayudaría a la guerra con el fin impuro de dar la victoria a un partido vengativo y arrogante, sino para poner en posesión de su libertad a todo el pueblo cubano..."; y Maceo suscribe el plan en su respuesta, y le dice: "Protestaré con todas mis fuerzas y rechazaré indignado todo acto ilegal que pudiere intentarse vulnerando los sagrados fueros y derechos del pueblo cubano..." Y enseguida le habla del "profundo y sincero amor" que siente por "las emanaciones de la soberanía nacional, libremente consultada y expresada...", para concluir con esta afirmación: "Creo que ninguna forma de gobierno es más adecuada, ni más conforme con el espíritu de la época, que la forma republicana y democrática. Una república organizada bajo sólidas bases de moralidad y justicia... garantizando todos los derechos del ciudadano..."*

Bajo Obispo, 15 de enero de 1888.
Sr. José Martí.
Nueva York.

    En cumplimiento de lo que le ofrecí en mi anterior ...paso a ocuparme en la presente de otros puntos esencialísimos relacionados con mi personalidad política, para que tanto Ud. como los dignísimos paisanos firmantes de la honrosa comunicación que tuvo Ud. a bien enviarme, sepan a qué atenerse con respecto a mis ideas generales en política, y a la conducta que observaré el día que nuevamente disputemos a España su menguado derecho sobre Cuba, o que rotas ya sus cadenas tome su puesto en el concierto de los pueblos libres.

    Si en el pasado fue siempre mi política sujetarme a los mandatos de la Ley, de los poderes legalmente constituidos, estimando que, buenos o malos, es deber del ciudadano darles respetuoso acatamiento, a reserva de procurar por las vías legales su mejoramiento o enmienda si resultaren nocivos a los intereses generales de la Patria, hoy y mañana, si la fortuna me dispensa el favor de contribuir en algo a la formación de nuestra nacionalidad, sigo y seguiré siendo fiel a ella... No obedeceré, pues, jamás, con perjuicio de la Patria, a los caprichos y deseos de determinados círculos, protestaré con todas mis fuerzas y rechazaré indignado todo acto ilegal que pudiere intentarse vulnerando los sagrados fueros y derechos del pueblo cubano; y condenaré, por último, todo paso que se pretenda dar fuera de la órbita de las leyes, que estamos todos en el deber de respetar y hacer cumplir. Protestaré asimismo, y me opondré hasta donde me sea posible, a toda usurpación de los derechos de una raza sobre otra; viniendo a ser, como ésta mi resuelta y firme actitud, una garantía para todos.

Con respecto al profundo y sincero amor que guardo a las emanaciones de la soberanía nacional, libremente consultada y expresada, obedece esto a la íntima repulsión que me inspira la anarquía, ese monstruo, engendro de las malas pasiones, que dondequiera que se enseñorea sirve sólo para matar los gérmenes vitales de toda sociedad y llevarla al abismo de la bancarrota y del descrédito... El respeto, pues, a la ley, sin menoscabo de que por las vías legales, si imperfecta o nociva al bien general, se procure cambiar; ésa sería mañana en la guerra, y luego en la paz, la norma a que ajustaría todos mis actos; que a las zozobras e inquietudes y angustias de toda disolución social he de preferir siempre la venturosa vida del trabajo y la dulce esperanza de dar educación a mis hijos para con ambas cosas contribuir al engrandecimiento moral y material de la Patria...

Trazadas a breves rasgos las ideas transcritas, creo asimismo que ninguna forma de gobierno es más adecuada, ni más conforme con el espíritu de la época, que la forma republicana y democrática.

Una República organizada bajo sólidas bases de moralidad y justicia, es el único gobierno que, garantizando todos los derechos del ciudadano, es a la vez su mejor salvaguardia con relación a sus justas y legítimas aspiraciones; porque el espíritu que lo alimenta y amamanta es todo de libertad, igualdad y fraternidad, esa sublime aspiración del mártir del Gólgota que, acaso utópica aún, a pesar de 18 siglos de expresada, llegará a ser mañana, a no dudarlo, una hermosa realidad.

Inquebrantable respeto a la Ley, pues, y decidida preferencia por la forma republicana, he ahí concretado mi pensamiento político; esos son, han sido y serán siempre los ideales por los que ayer luché y que mañana me verán cobijarme a la sombra, si la Providencia y la Patria me llaman nuevamente al cumplimiento de mi deber...

*XV)*

*José Miró Argenter, catalán culto y liberal que llegó a ser Jefe del Estado Mayor de Maceo en la guerra del 95, había fundado en Holguín, en 1887, el periódico* La Doctrina, *en el que se comentó la noticia de la expulsión de Maceo a mediados de 1890. Con la disculpa de un viaje para atender intereses de su familia, Maceo había logrado permiso de las autoridades en La Habana para su visita. En realidad iba a conspirar, a revivir el espíritu insurrecto: fue como el recorrido de la invasión de Oriente a Occidente que haría en la próxima guerra, pero en dirección opuesta, de La Habana a Santiago de Cuba, con una parte en barco. Le escribe desde Jamaica y deja en la carta otra prueba de su patriotismo y de su voluntad de lucha:*

Kingston, noviembre 3 de 1890.
Sr. Don José Miró.
Mi distinguido y consecuente amigo:
Quien no lo conozca a Ud. no podrá apreciar con verdadera justicia sus bellísimas y honradas cualidades de hombre libre, abnegado y sufrido defensor de las buenas causas; protector de la justicia y el derecho a que consagran sus esfuerzos los hombres que como Ud. han templado su alma al calor de la dignidad y la virtud...
Cualesquiera que sean los obstáculos que encuentre a mi paso, trataré de vencerlos; superaré el peligro que la maldad y la cobardía infame de la traición me opongan. Mis deberes para con la patria y para con mis propias convicciones políticas, están por encima de todo esfuerzo humano; por ellos llegaré al pedestal de los libres o sucumbiré luchando por la redención de ese pueblo...

## XVI)

Este incidente entre Maceo y Antonio Zambrana hace relucir una de las características más notables del general Antonio: su noble intransigencia. Terminada la Guerra de los Diez Años, lo que más perjudicó la causa cubana fue el partido político de los que se prestaron a dialogar con la opresión, el Partido Liberal, que se conformaba con la autonomía renunciando a la independencia. Nada demoró tanto ni hizo tan costosa la liberación del país como estos "hijos naturales del fracaso", como los llamó Maceo.

Zambrana tenía los más valiosos títulos de revolucionario: compañero del Mayor Ignacio Agramonte, constituyente en la Asamblea de Guáimaro, comisionado de la República en Armas en Europa y América, había sido un fervoroso defensor de la independencia. Por el Pacto del Zanjón, sin embargo, Zambrana se hizo autonomista y se fue a vivir a Costa Rica donde su amigo Antonio Maceo le toleró la apostasía y lo hizo apoderado de sus intereses. Pero debilidades de esa naturaleza suelen crecer: se empieza dialogando con el delito y se termina de cómplice del crimen. La colonia española de San José dio un grandioso banquete para celebrar el natalicio del rey Alfonso XII, y Zambrana no sólo asistió al mismo sino que hizo un brindis abyecto elogiando la monarquía. Maceo despreciaba todo pujo nobiliario; decía: "Yo no sé cómo hay hombres de carácter independiente que pueden llamarle Su Majestad a un lechuguino imberbe... Primero me cortaría la lengua antes que caer en semejantes humillaciones, y decirle a un mequetrefe 'a los reales pies de vuestra majestad' y arrodillarse ante el muñeco coronado como si fuera Dios bajado del cielo..." El 17 de mayo tuvo lugar el banquete. El 19 Maceo le quitó en una carta la representación de sus "pequeños intereses", lo llamó "tránsfuga" y le retiró la amistad a fin de mantener, le dijo, "fuera de duda pública" su "decoro personal y la dignidad cubana". Dos días más tarde Zambrana le contestó con los papeles que obraban en su poder, confirmándole que había *renunciado "al procedimiento revolucionario" por seguir el camino que le dictaba su conciencia.*

*Cuando ya en plena república, en 1906, Zambrana regresó a su patria, pudo comprobar que los cubanos, al igual que Maceo, no supieron perdonarle su deserción. Los pasajes que siguen son de la carta que le dirigió el general: en ella se disculpa por haberle ofrecido una amistad que con razón no merecía.*

San José, Mayo 22 de 1894.
Sr. Dr. Don Antonio Zambrana.
Presente.
    Muy Sr. mío:
    Su conducta política justifica el juicio público que de Ud. se tiene en todas partes, no es necesaria su aseveración; basta lo dicho por gente desapasionada para convencerme de mi error.
    Sabía que Ud. estaba afiliado al Partido Autonomista Cubano; pero no tenía conocimiento de que Ud. hubiese "hecho mucho más que asistir a un banquete español"; que desde 1885 desempeñando Ud. una comisión del general Gómez a México, se fue a La Habana; que buenos revolucionarios de pasadas campañas se hicieron la ilusión de que serían bien representados por Ud. en las Cortes españolas; que el Gobierno, no aceptando su diputación por temor a sus antecedentes, le libró del eminentísimo ridículo en que incurrió Ud. con su delirio de figurar en España a la sombra de esa bandera sin gloria y con todos los vicios e inmoralidades españolas; que se habló y escribió mucho de sus deseos de que en la Península le aceptasen como español; que el coronel Manuel Sanguily publicó un folleto reprobando el suyo en elogio de España; que en Santiago de Cuba le hicieron una ovación que hacía honor a sus antecedentes revolucionarios; que cuando lo vitorearon los bravos orientales, creyéndole separatista, contestó Ud. con un viva a España; que dijo en Baracoa que antes de revolucionario independiente vestiría el andrajoso y criminal uniforme de voluntario español; pero con todo eso que sabía

yo de Ud., y mucho más que podría referirle, me resistía a creer, no podía concebirlo, que el Dr. Zambrana rebajase su dignidad cubana, su nivel social, asistiendo a un banquete cuyo objeto era celebrar el cumpleaños de un monarca y servir de escalón político a su iniciador; sobre todo, Dr. Zambrana, Ud. que tanto habla de libertad y democracia, que vive aquí al amparo de instituciones republicanas, que no pudo soportar en su tierra los horrores de la harapienta monarquía española, donde no pudo hacer más que tristísimos papeles y sufrir desengaños, dice con jactancia lo que todo el mundo reprueba a los hombres honrados. Nada de extraño tiene que cubanos dignísimos se hayan equivocado con Ud, ni que todo el ejército revolucionario que tuve la alta honra de mandar, haya estado a su lado, cuando a mí mismo me ha causado verdadera sorpresa verlo vestido con las enaguas de la Regenta y los mamelucos del niño Rey. Aquéllos y yo creíamos a Ud. a la altura de su brillante intelecto, y de la causa que defendió; pero, por lo que se ve, los de "su criterio" aplauden todo.

Convénzase, Dr. Zambrana, la guerra es la ocupación más lícita que ha encontrado la humanidad para resolver sus grandes problemas; es sublime el medio y aumenta la dignidad de los que tienen verdaderos méritos. En cuanto a cumplimiento de deberes patrióticos, tengo la seguridad de ser "infalible", y si para bien de mi patria me cupiera la honra de "monopolizar la dignidad y el patriotismo cubano", no rehusaría el honor que Ud. rechaza...

*XVII)*

*La intransigencia en Maceo no estaba reñida con la tolerancia. Jamás perdonó la traición, pero al preparar la guerra supo respetar opiniones distintas a las suyas. En Nueva York, Enrique Trujillo entorpecía con sus críticas la labor que iba realizando Martí. Creyó Trujillo fácil medrar del resentimiento que podía tener Maceo ya que Martí se había negado a ayudarlo en la intentona revolucionaria que había iniciado años antes junto a Gómez. Pero el patriotismo de Maceo lo mantuvo siempre por encima de esos resentimientos e intrigas propias de la gente pequeña, y le contestó cordial y rudo a la carta que con ese propósito le había enviado Trujillo:*

San José, 22 de agosto de 1894.
Sr. Don Enrique Trujillo.
    Mi querido amigo:
    Placer y tristeza me produjo el contenido de su carta de 12 de junio del corriente año. De un lado me hace Ud. el cariñoso recuerdo de mi santa madre, que le agradezco infinito, y del otro me trae a la memoria nuestros sagrados principios, profanados por los mercaderes y por tanta gente inútil que sirve sólo a los que esclavizan la patria, que hacen papel en la política cubana para vergüenza y mengua de patriotas honrados que no los entienden.
    Su salpicada carta de tendencias disolventes y de impurezas que no debe abrigar un corazón honrado, que dañan, sin Ud. pensarlo, la elevación de espíritu y la sincera devoción que debemos a la causa de la libertad, peca de fatídica y aviesa, de poco política y antipatriótica... En ninguna época de mi vida he servido bandería política de conveniencias personales; sólo me ha guiado el amor puro y sincero que profesé en todo tiempo a la soberanía nacional de nuestro pueblo infeliz. Cualquiera que sea el personal que dirija la obra común hacia nuestros fines, tiene, para mí, la grandeza y la sublimidad del sacrificio honrado que se imponga. Que el Sr. Martí no quisiera ayudarnos en el 87 no es para que yo deje de servir a mi patria ahora, luego y siempre que sea propicio hacer la guerra a España. Estoy y estaré con la revolución por principio, por deber... La guerra que Ud. hace al Sr. Martí es un crimen de lesa patria. La revolución que se agita sufre las consecuencias con la incertidumbre que se apodera de la gente floja... Me gustaría verlo ocupando su puesto lejos de rencillas

personales que puedan llevarlo al abismo de malas apreciaciones.

Quiera y admire a Martí como en 1887, en la seguridad de que Cuba ganaría con el auxilio bueno de Ud... Perdone la rudeza de mi estilo y acepte la seguridad del aprecio y cariño de su paisano.

*XVIII)*

*Al ver acercarse la guerra, los enemigos de la independencia, cubanos y españoles, se dieron a desacreditar el empeño revolucionario y a José Martí, quien lo impulsaba. Además de acusarlo de "vividor", por las recaudaciones que hacía, el más poderoso argumento de sus detractores era presentar a los militares de la Guerra Grande indiferentes ante una nueva insurrección, o enemigos de ella. De esa manera se reforzaba el proyecto autonomista que confiaba en llegar a un acuerdo con España y seguir bajo su tutela. No podía Martí ni ningún civil desmentir aquel infundio, por lo que el general Maceo le escribió la carta que sigue a Juan Gualberto Gómez. En ella le hace ver la necesidad de la guerra y la urgencia de preparar al pueblo cubano para ese patriótico camino, por lo que le señala la conveniencia de cambiar en "rifles... por un tiempo y no más", la pacífica "educación política y social" a que se dedicaba el noble periodista; le escribe desde Costa Rica:*

San José, 20 de octubre de 1894.
Sr. Juan Gualberto Gómez,
Habana.

Mi amigo querido: Cumple a mi deber de cubano y amigo, de correligionario político y revolucionario independiente, anunciar a usted las cosas que han de suceder, para que prepare a nuestro pueblo a la lucha armada en esas provincias. No más dejación e indignidad cubanas. La guerra depurará nuestros vicios y defectos coloniales. Que se trueque en rifles la sublime y grandiosa labor de usted. Que la educación política y social que usted da a nuestro pueblo infeliz, sea por un tiempo y no más cambiada por las ordenanzas de los cuarteles militares.

Los generales Gómez, Crombet, José Maceo, Rodríguez, Sánchez, Borrero, Mayía Rodríguez, Maestre, Ríus y yo, vamos a invadir con nuestros jefes y oficiales que están listos y prontos a la señal que reciban.

No deje, pues, que nuestros enemigos hagan víctimas a los que por ignorancia de sus deberes se retraigan de la cosa pública. Avísele a todos. No quisiera que sirvan de instrumento español contra la causa de la libertad y el derecho de todos...

## XIX)

*Si la injusta sociedad de su tiempo castigó a Maceo por el color de su piel, el destino lo premió generoso con una madre y una esposa dignas de admiración. Llegada la hora de ir a la guerra, Maceo se despidió de María, su "fiel y purísima" compañera. Dice mucho de los dos, y de sus ejemplares relaciones, la ternura de esta carta. Por sobre el cariño estaba la patria: ella sabe sufrir y él sabe luchar: "Pienso", le escribe, "que tú sufriendo, y yo luchando por ella, seremos felices". El inventario de las expresiones de amor en las cartas que se conservan de él, todas de 1895 y 1896, habla por sí solo; así las encabeza: "Mi queridísima esposa"; "Mi inolvidable y siempre adorada esposa"; y las termina de esta manera: "Consérvate buena y quiere a tu negro que no te olvidará nunca"; "Recibe el corazón de tu esposo envuelto en el cariño y bondad que siempre guarda para ti con besos y abrazos de tu esposo que desea verte"; "Recibe el afecto de mi alma sincera con un fuerte abrazo". La comprensión mutua excusa otras explicaciones, y queda como velado el secreto de aquella pareja heroica que supo del acto hacer la mejor poesía.*

[Marzo de 1895]
A mi esposa:
En tu camino como en el mío, lleno de abrojos y espinas, se presentarán dificultades que sólo tu virtud podrá vencer.

Confiado, pues, en ésa, tu más importante cualidad, te abandono por nuestra patria, que tan afligida como tú reclama mis servicios, llorando con el estertor de la agonía. Pienso que tú sufriendo, y yo peleando por ella, seremos felices; tú amas su independencia, y yo adoro su libertad. El deber me manda sacudir el yugo que la oprime y la veja, y tu amor de esposa fiel y purísima me induce a su redención. Dios lo quiera para bien de ese pueblo esclavo y para tranquilidad de nuestros espíritus. Tú, que has pasado conmigo los horrores de aquella guerra homicida, sabes mejor que nadie cuánto vale el sacrificio de abandonarte por ella, cuánto importa el deber a los hombres honrados. El honor está por sobre todo. La primera vez luchamos juntos por la libertad; ahora es preciso que luche solo haciendo por los dos. Si venzo, la gloria será para ti.

## *XX)*

*Iniciada la guerra del 95, al igual que en la anterior, no le fue fácil a Maceo escapar de la envidia. Su rebeldía ante el Zanjón le había hecho crecer la fama: él, y no los que creyeron las promesas de España, era el que había sabido adivinar el futuro. Y a esa nueva dimensión unía los triunfos que iba logrando en el campo de batalla. En Jimaguayú, a mediados de setiembre, entre los delegados que aprobarían la Constitución de la República, había algunos que pensaron que el prestigio le habría hecho crecer la ambición. No era el general ajeno a su propio valer, pero su orgullo no residía en verse grande, sino en ver en su crecimiento el de la patria: en ese mismo año le había escrito a Federico Pérez, el 18 de febrero: "Si algún prestigio tengo, si algo valgo, no es concedido, lo he conquistado con 26 años de servicios consagrados a la libertad de Cuba, cuyo árbol sabe Ud. que he regado con mi sangre varias veces".* Se le acusaba de aspirar a la Presidencia de la República, y le escribió enfermo, desde las Minas de Camazán, en Holguín, a Salvador Cisneros Betancourt, marqués de Santa Lucía:

Cuartel General en Campaña, 8 de setiembre de 1895.
Sr. Salvador Cisneros Betancourt.
Camagüey.
  Mi querido y estimado amigo:
  Gracias, mil gracias por el exordio de su apreciable carta de 25 próximo pasado agosto, contenido que rebosa la sinceridad de sus delicados sentimientos y buena voluntad hace a éste su pobre amigo, siempre calumniado gratuitamente por infames apreciaciones de gentes insanas y de cerebros calenturientos... Los incapaces de un proceder lícito y llano, siempre suponen a los demás manejándose mal con intriguillas vergonzosas e impropias de hombres que se estiman... Entiendo que la salud de la patria está por encima de todo, y a ello me atengo.
  Ahora bien, cuanto Ud. dice que yo debo esperar a que me den, debo significarle que su oferta está buena para los que mendigan puestos, o para las personas que no sepan conquistarse con sus propios esfuerzos el que deben desempeñar en la vida pública, por lo que le suplico no olvide mis condiciones de hombre de ese temperamento si en otra ocasión se le ocurre hablarme de puestos y destinos que nunca he solicitado... La humildad de mi cuna me impidió colocarme desde un principio a la altura de otros que nacieron siendo jefes de la revolución. Quizás por eso Ud. se cree autorizado para suponer que me halaga con lo que me indica me tocará en el reparto...
  No temo el peligro de perder la vida en la contienda, pero sí sentiría poner en peligro mi reputación de subordinado y patriota con nuevas calumnias y aviesas apreciaciones...

## XXI)

*A los efectos de crear un régimen legal que agrupara a cuantos se habían alzado el 24 de Febrero y aún luchaban por la independencia, se reunieron en Jimaguayú, provincia de Camagüey, donde había caído en 1873 Ignacio Agramonte, los representantes de los varios cuerpos en que estaba dividido el ejército mambí.*

*El 13 de septiembre de 1895, bajo la presidencia de Salvador Cisneros, iniciaron sus discusiones de la Constitución por la que se declaraba a Cuba "una República Democrática" y "un Estado libre e independiente". En la reunión del día 18, aprobado el texto constitucional y elegidos los que iban a ocupar los puestos en el Consejo de Gobierno, se procedió a designar como Jefe del Ejército, a Máximo Gómez; Lugarteniente General, a Antonio Maceo; y a Tomás Estrada Palma como Agente Diplomático en el Extranjero, los cuales, según se lee en el Acta de ese día, "fueron aclamados unánimemente por la Asamblea para esos altos cargos". Enterado Maceo del honroso nombramiento, redactó la siguiente "Exposición a los delegados a la Asamblea Constituyente", en la que reafirma su respeto "a las leyes que emanan directamente de la voluntad popular", considera la libertad republicana "el resumen de todos los derechos y el ideal de todas las esperanzas de los cubanos", y proclama la República como "la realización de las grandes ideas que consagran la libertad, la fraternidad y la igualdad de los hombres".*

A los Ciudadanos Representantes del Pueblo en la Asamblea Constituyente de Cuba.
Septiembre 30 de 1895.
Compatriotas:
He tenido el honor de recibir el despacho oficial que os servisteis enviarme, suscrito por todos los ciudadanos Representantes de esa respetable Asamblea y fechado el 18 de septiembre de 1895. En él, después de recordarme que el pueblo cubano recientemente se levantó en armas con

propósito de obtener por medio de ellas la Independencia nacional de la Isla de Cuba, la Asamblea Constituyente me comunica que, por aclamación, acordó conferirme el nombramiento de Lugarteniente General del Ejército Libertador, y me envía el diploma respectivo.

Ciudadanos representantes:

Es notorio que el sentimiento del amor a la patria que se deriva de las condiciones constitutivas de la naturaleza humana y forma la base fundamental en que se asienta la civilización de las naciones, es universal entre los hombres y perpetuo en la historia de la humanidad. Y vosotros sabéis que yo, convencido como estoy de que en las ideas que proclama la República están vinculadas la verdad, la justicia y la ventura de los pueblos, siempre las he profesado con sinceridad y he procurado siempre con el mayor desinterés ponerlas en ejecución...

Permitidme, pues, ciudadanos Representantes, que os haga presente la expresión de agradecimiento que me anima con vosotros, motivado por el honor que me habéis discernido al concederme el nombramiento de Lugarteniente General del Ejército Libertador. Y al aceptar cargo tan honroso como éste, que aumenta la responsabilidad que tengo contraída ante mis compatriotas, permitidme también que os reitere la protesta y obediencia a las leyes que emanan directamente de la voluntad popular y sean sancionadas por el Poder legítimamente constituido con el propósito de consolidar la obra de nuestra Independencia y garantizar el régimen de la libertad republicana, que es el resumen de todos los derechos y el ideal de todas las esperanzas de los cubanos.

La República es la realización de las grandes ideas que consagran la libertad, la fraternidad y la igualdad de los hombres: la igualdad ante todo, esa preciada garantía que, nivelando los derechos y deberes de los ciudadanos, derogó el privilegio de que gozaban los opresores a título de herencia y elevó al Olimpo de la inmortalidad histórica a los hijos humildes del pueblo, a aquélla que, cultivando el espíritu con las luces que da la educación, fundieron la útil e indiscutible aristocracia del talento, la ciencia y la virtud. Fundemos la República sobre la base inconmovible de la igualdad ante la ley. Yo deseo vivamente que ningún derecho o deber, título, empleo o grado alguno exista en la República de Cuba como propiedad exclusiva de un hombre, creada especialmente para él e inaccesible por consiguiente a la totalidad de los cubanos. Si lo contrario fuese decretado en nombre de la República, semejante proceder sería la negación de la República por la cual hemos venido combatiendo, y nos arrebataría el derecho con que Cuba enarboló la bandera de la guerra por la justicia el 10 de octubre de 1868...

*XXII)*

*Para sufragar los gastos militares, el Ejército Libertador estableció un impuesto revolucionario en sus zonas de operación. O se pagaba directamente en la isla a los jefes, o los propietarios y empresas hacían entregas en Nueva York de las cantidades que les correspondían. A los pocos meses de llegar a Cuba, Maceo había enviado cerca de 200 mil pesos a Tomás Estrada Palma, en Nueva York, quien informaba a su vez de las recaudaciones que él hacía para que se procediera con los contribuyentes de acuerdo con sus pagos. Luego, en la Invasión fue necesario destruir cuanto era útil al enemigo. Al año siguiente, reunido el Consejo de Gobierno el 13 de julio, y con el consentimiento del General en Jefe, al considerar que "la propiedad" era "el verdadero enemigo de la Revolución", tanto en cuanto que ayudaba al enemigo, se decretó prohibir "toda operación agrícola preparatoria" para "la realización de la zafra de 1896 a 1897" y así declarar "traidores" a los que infringieran esa disposición", y que fueran "condenados a muerte". En sus* Memorias, *dijo el general Piedra Martel, Ayudante de Campo de Maceo: "El paso de la hueste invasora era señalado, a su espalda y a sus costados, por el resplandor de los incendios. Todo ardía. El horizonte aparecía día y noche enrojecido... y el humo esparcido por el fuerte viento reinante y llevado a larguísimas distancias, tendía sobre las campiñas y los pueblos comarcanos un oscuro y flotante telón..."*

La carta que sigue habla también de la posición de Maceo frente a los Estados Unidos: ciertos prejuicios y temores hacían depender de los norteamericanos el futuro de Cuba. Maceo consideraba conveniente, aunque no necesario, el reconocimiento por parte de Washington de la beligerancia, y aquí le advierte a Estrada Palma: " ...soy de aquéllos que dicen que si viene, bien, y, si no, también..." Pero el Delegado, una semana después de escrita esta carta, el 7 de diciembre, presentaba en Washington una petición al Secretario de Estado solicitando "los derechos de beligerancia" para los cubanos en armas.

Camagüey, Noviembre 29, 1895.
Delegado Estrada Palma.
Apreciado amigo:
..............................................

Estoy dispuesto a destruir las fincas de todos aquellos que hagan resistencia o se nieguen al pago de sus respectivos compromisos, siempre que Ud. me dé aviso a tiempo. Estoy en marcha para Occidente hasta hoy sin tropiezo, donde me prometo recaudar algunas cantidades que giraré a Ud. para que nos proporcione material de guerra. Probablemente desde ese lugar nos será más fácil la comunicación. La Revolución sigue cada día más pujante, y no hay motivo alguno que nos intranquilice, no obstante los grandes preparativos que hace Martínez Campos para su gran campaña de invierno que, a mi juicio, sólo servirá para acabar con el crédito de ese político y militar.

Al entrar en el territorio de Camagüey recibió el ciudadano Presidente la noticia, por conducto autorizado, de que había sido reconocida la beligerancia por el gobierno de los Estados Unidos, y que un sindicato americano había ofrecido a Ud. tres millones de pesos para gastos de la guerra.

Esa nueva produjo una explosión de alegría, aunque yo la haya acogido con reservas por no haber inaugurado sus sesiones el Congreso Americano, y porque soy de aquéllos que dicen que si viene, bien, y, si no, también...

## XXIII)

*El 29 de noviembre Maceo, al frente de sus ejércitos, cruzó la Trocha de Júcaro a Morón. Iba a estudiar, junto al general Máximo Gómez el más conveniente curso de la invasión a Occidente. Poco después, para impedir los conflictos regionales que tanto daño habían hecho en la pasada guerra, Maceo, al entrar en la provincia de Las Villas, preparó esta cuidada "Proclama" en la que se confirma su talento político y militar, a la vez que vislumbra el destino de los gobiernos despóticos: "Los imperios fundados por la tiranía y sostenidos por la fuerza y el terror, deben caer con el estrépito de los cataclismos geológicos..."*

Proclama.
Los Remates [Remedios], 6 de diciembre de 1895.
    Villareños:
    Venimos de Oriente en marcha triunfal para combatir por la libertad y redención de Cuba en el gran teatro de Occidente, donde el tirano ha acumulado sus poderosos elementos de guerra... Para salir del yugo español os bastaríais vosotros solos, villareños, que nada es imposible para los pueblos esforzados y dignos cuando luchan por su emancipación y bienestar... pero no sería propio de pechos fraternales encendidos en una misma llama patriótica, no le daríamos a la Revolución todo el homenaje que le debemos... si nos hubiésemos limitado a humillar las armas españolas allí y sentirnos con tal victoria satisfechos.
    Nuestra misión es más elevada, más generosa, más revolucionaria; queremos la libertad de Cuba, anhelamos la paz y el bienestar de mañana para todos sus hijos, sin poner

tasa al sacrificio ni tregua al batallar, llevando la guerra a todas partes, hasta los baluartes más remotos de la dominación y batir en ruinas sus murallas opresoras. Los imperios fundados por la tiranía y sostenidos por la fuerza y el terror, deben caer con el estrépito de los cataclismos geológicos...

*XXIV)*

*La posición antiimperialista de Maceo se manifestó con crecida intensidad en los últimos meses de su vida: es que al prolongarse la guerra aumentaron los quebrantamientos aun en algunos revolucionarios. Ya se vio en la carta del 29 de noviembre de 1895, al propio Estrada Palma, cómo quiso Maceo, con toda prudencia, restarle importancia al reconocimiento de la beligerancia por los Estados Unidos, aunque comprendía cuánto era conveniente para facilitar el trasiego de armas que le enviaban del Norte. No se le escapaba a su visión política, sin embargo, cuánto iba a limitar la soberanía del país el contraer deudas mayores de gratitud con los americanos, como se ve en la próxima carta de esta colección. Aquí, con el mayor tacto, le advierte al propio Estrada Palma, quien tenía un historial de marcado anexionismo:*

Cuartel General de Tapia, abril de 1896.
Al Delegado Estrada Palma.
  Mi muy estimado amigo:
  Hace ya días que no tengo el gusto de ver letra de usted, y lo siento no poco porque sus noticias nos darían idea exacta del estado de nuestros asuntos en ese país, y con ellas saldríamos por lo mismo de la incertidumbre en que parece se goza en mantenernos la prensa de todos los partidos. Esto marcha bien, y pudiera durar por tiempo indefinido hasta dejar extenuada a España. Sin embargo, como a todos interesa la más pronta terminación, y veo en los papeles públicos que se discute si los Estados Unidos deben o no intervenir en esta

guerra, y sospechando que usted, inspirado en razones y motivos de patriotismo, trabaja sin descanso para alcanzar para Cuba lo más que pueda, me atrevo por mi parte a significarle que no necesitamos de tal intervención para triunfar en plazo más o menos largo. Y si queremos reducir ese plazo a muy pocos días, tráiganse a Cuba veinticinco o treinta mil rifles y un millón de tiros, en una o dos expediciones. Si ustedes, pues, logran alcanzar la cooperación de ese gobierno en el sentido de ayuda y protección al embarque de esas expediciones, no haría falta más que comisionar a una persona que fuese a La Habana y desde dicha ciudad me diera aviso oportuno de la fecha y lugar designado para el alijo. Con esto, es decir, con la protección de los Estados Unidos, ni se verían los americanos comprometidos visiblemente, ni los cubanos habrían menester otra ayuda...

## XXV)

*El mes de julio de 1896 fue aciago para el Lugarteniente General. El día 6 fue herido en Loma del Gato, Oriente, su querido hermano José, y murió horas más tarde —no demoró mucho Antonio en recibir el parte oficial informándole de la tragedia. Además, de nuevo habían surgido serios conflictos en el Consejo de Gobierno entre alguno de sus miembros y el Presidente Cisneros. El día 17 de julio le hace esta triste confesión al Mayor General José M. Rodríguez: "Si yo hubiera venido a la revolución a servir a los hombres, habría abandonado la idea de prestarles ayuda; pero por fortuna no veo otra cosa más que la conveniencia de trabajar por mi patria cerrando los ojos ante tantas pequeñeces y miserias..." Y también entonces vio más cercana la amenaza intervencionista de los Estados Unidos. En sus Crónicas de la Guerra, sobre esos días, cuenta de su jefe el general Miró: "Contribuyó a aumentar su desazón la lectura de varias cartas del extranjero, suscritas por personas que, si bien eran amigas, no le ligaba la suficiente confianza con el caudillo, para anticiparle el suceso, para ellas venturoso, de la intervención armada de los Estados Unidos. Esta idea, y sobre todo el regocijo que despertaba en algunos espíritus la decisión final del pleito por la intervención de la República del Norte, era motivo de profunda inquietud para Maceo. El que, como él, tenía fe en el propio esfuerzo, no podía admitir el socorro del extraño... No se explicaba Maceo el afán de solicitar la intervención de los Estados Unidos cuando el debate de las armas no había resuelto el punto de mayor interés en aquella crisis..." Se sabía ya, por otra parte, que el gobierno de Washington le había propuesto a España pacificar a Cuba respetándole la soberanía, con pequeñas concesiones para los cubanos, y eso era inaceptable para la causa separatista. Maceo le escribe, aún sufriendo de una reciente herida, a su amigo Federico Pérez Carbó, en Nueva York, para que fuera el vocero autorizado de los insurrectos, una carta donde aparece su famoso dictamen: "De España jamás esperé nada; siempre nos ha despreciado, y sería indigno que se pensase en otra cosa. La libertad se conquista con el filo del machete, no se pide: mendigar derechos es propio de cobardes incapaces de ejercitarlos"; y agrega enseguida sobre lo que ahora interesa:"Tampoco espero nada de los americanos; todo debemos fiarlo a nuestro esfuerzo: mejor es subir o caer sin su ayuda, que contraer deudas de gratitud con un vecino tan poderoso".*

El Roble, Pinar del Río, Julio 14, 1896.
Señor Coronel Federico Pérez.
    Mi querido coronel y amigo:
    He leído con mucha satisfacción su carta del 29 del pasado...
    El enemigo está acobardado allí donde hay gente veterana y muchos elementos; aquí cuesta pegarle duro... Aquí no hay un palmo de tierra que no esté bañado de sangre cubana y española. Ni la campaña del 71 fue para mí más cruda. Sin embargo, he visto realizarse un día y otro mi sueño

dorado, y así he podido pegarle a los españoles y romperles la crisma a sus mejores generales.

De España jamás esperé nada; siempre nos ha despreciado y sería indigno que se pensase en otra cosa. La libertad se conquista con el filo del machete, no se pide; mendigar derechos es propio de cobardes incapaces de ejercitarlos.

Tampoco espero nada de los americanos; todo debemos fiarlo a nuestro esfuerzo: mejor es subir o caer sin su ayuda, que contraer deudas de gratitud con un vecino tan poderoso...

Le deseo que pronto esté completamente restablecido. Y ahora, luego y siempre trabajando, como hasta aquí, por Cuba Libre. A mí también me pellizcaron, pero fue cosa insignificante y ya estoy curado y otra vez de pelea...

## XXVI)

*Dos días después de la carta anterior, Maceo le escribió en similares términos a José Dolores Poyo, el director del periódico* El Yara, *en Cayo Hueso. Destaca el progreso cubano en la guerra para que se vea lo innecesaria e inoportuna que resultaría la intervención norteamericana; y se pregunta: "¿A qué intervenciones ni ingerencias extrañas, que no necesitamos ni convendrían?" Le escribe:*

El Roble, Julio 16, 1896.
Al señor J.D. Poyo, Delegado de la Revolución Cubana.
Key West.
   Muy señor mío y distinguido amigo:
   He tenido el gusto de leer su atenta carta del 26 de mayo último, y agradezco a usted las benévolas frases que me dedica y sus votos entusiastas. Realmente el patriotismo con tanta viveza sentido, y la valentía y abnegación demostradas por el ejército revolucionario, exceden a toda ponderación...
   Si hasta hoy las armas cubanas han ido de triunfo en

triunfo, huelga que le diga yo la ventaja mayor aún que le reservan para el porvenir los cuantiosos elementos de guerra que estamos recibiendo, gracias a las activas gestiones de todos ustedes y especialmente de la incansable y benemérita Junta de New York. ¿A qué intervenciones ni ingerencias extrañas, que no necesitamos ni convendrían? Cuba está conquistando su independencia con el brazo y el corazón de sus hijos; libre será en plazo breve, sin que haya menester otra ayuda...

## XXVII)

*¿Cómo se explica el fervoroso antiimperialismo del Lugarteniente General? Desde los tiempos del padre Félix Varela asociaba el cubano el amor a la patria con la absoluta independencia; él dijo: "Desearía ver a Cuba tan isla en lo político como lo es en la naturaleza". De otra manera no era posible lograr la soberanía. Por ese camino fueron los patriotas de la guerra del 95: Martí, Maceo, Gómez, Calixto García, Juan Gualberto... Y luego, en la República, Sanguily, Varona, Guiteras, Chibás... El imperialismo es el dominio de un país sobre otro por la fuerza de las armas o de la economía, y, por ese dominio deja de ser soberana la nación que lo padece. Maceo estaba avisado del peligro. Es posible pensar que leía el futuro, que vio cómo la dependencia extranjera en lo económico y en lo político iba a afectar luego los destinos de Cuba, desde la crisis de los Estados Unidos en la década de los 30 hasta el colapso del mundo comunista sesenta años más tarde. Para salir del colonialismo de España se recurrió al imperialismo yanqui, para vencer éste se entregó el país al hegemonismo soviético; y aún ahora, para salir del último, se corteja al capitalismo internacional, especie de nuevo imperialismo.*

*Tenía Maceo muy claro concepto del término "soberano", procedente del latín* superanus, *el que ejerce superior autoridad, y de su derivado "soberanía", dominio y poder sobre todo. ¿Cómo puede ser soberano un país que se da a vivir bajo los intereses de un extranjero? ¿Cómo al servicio de otro no ha de someter su destino y su arbitrio a las tribulaciones y fracasos de aquél a quien se sirve? Así el quebranto, que debiera serle ajeno, se transmite al súbdito.*

*En varios de los escritos que preceden al que ahora sigue habló Maceo de la soberanía, lo que permite conocer su pensamiento sobre ese tema: en la carta de 1884, a Anselmo Valdés, le dijo: "Con la soberanía nacional obtendremos nuestros naturales derechos, la dignidad de la Patria..." Dos años después, desde Kingston, a José A. Rodríguez: "Yo desearía para mi país un hombre que tenga la virtud de redimir al pueblo cubano de la soberanía española sin haber tiranizado a sus redimidos... Nuestras aspiraciones son amplias, y en ellas caben todos los hombres... si libre fuera su voluntad y decir, libérrima y generosa debe ser nuestra soberanía"; a Martí, en 1888, desde Panamá: "Con respecto al profundo y sincero amor que guardo a la emanaciones de la soberanía nacional, libremente consultada y expresada..."; y un año antes de salir para la guerra le confiesa a Enrique Trujillo, desde Panamá: "En ninguna época de mi vida he servido bandería política de conveniencias personales; sólo me ha guiado el amor puro y sincero que profesé en todo tiempo a la soberanía nacional de nuestro pueblo infeliz..."*

*Con esos testimonios basta para descubrir la visión política de Maceo sobre lo que aquí interesa, y la confirma la carta que sigue ahora a un doctor que había conocido en La Habana. Preocupado este simpatizante de Maceo, le escribió a principios de junio de 1896 informándole de las gestiones que se hacían en Washington para lograr la independencia de Cuba con garantía de los americanos, previa indemnización a España; Maceo le responde al descubrir en ese plan intervencionista la inevitable reducción de la soberanía nacional: en "el esfuerzo de los cubanos", le advierte profético, "se encierra el secreto de* nuestro definitivo triunfo, que sólo traerá aparejada la felicidad del país".

El Roble, Julio 26 de 1896.
Al doctor Alberto J. Díaz, Louisville, Kentucky.
Muy señor mío y distinguido amigo:
Acuso recibo a usted de su atenta carta fecha tres del pasado, de cuyos particulares quedo bien impuesto.
No me parece cosa de tanta importancia el reconocimiento oficial de nuestra beligerancia que, a su logro, hayamos de enderezar nuestras gestiones en el extranjero, ni tan provechosa al porvenir de Cuba la intervención norteamericana, como supone la generalidad de nuestros compatriotas. Creo más bien que en el esfuerzo de los cubanos que trabajan por la patria independencia se encierra el secreto de nuestro definitivo triunfo, que sólo traerá aparejada la felicidad del país, si se alcanza sin aquella intervención. Demás está cuanto se diga en rechazar cualquiera proposición para que indemnicemos a España. Ni un céntimo sería lícito abonar por tal concepto; y no dudo que éste es el pensamiento de la casi totalidad de los cubanos... Trabaje, pues, en dicho sentido y sírvase avisarme si se alcanza éxito...

## *XXVIII)*

*Dos días antes de su muerte, Maceo firmó la siguiente carta dirigida al General José María Aguirre, Jefe de la División de La Habana, ordenándole la reconcentración de sus fuerzas para el proyectado ataque a Marianao. Fue enviada desde el derruido ingenio La Merced, cercano a Mariel, donde pasaron Maceo y sus hombres un total de 32 horas mientras esperaban refuerzos y cabalgaduras para continuar su camino hacia San Pedro. Se incluye aquí este oficio número 778 no solamente porque es una de sus últimas órdenes y es poco conocido, sino porque el original, que más adelante en este libro, en las*

"Ilustraciones", se reproduce, fue donado hace poco a la Universidad de Miami por el Sr. Julio A. Mestre. Al margen de la carta se lee: "Recibida el 7 de Dbre. a las 10 de la noche...": ya Maceo estaba muerto. Días después de la tragedia de Punta Brava, murió también el general Aguirre, cerca de Jaruco, el 29 de diciembre.

República de Cuba
Ejército Libertador
Jefe del Dept. de Oc.

 Acabo de llegar a este punto después de haber pasado la línea militar de Mariel-Majana. Proceda Ud. inmediatamente a reconcentrar las fuerzas de la división al digno mando de Ud. por los mismos lugares donde hizo la concentración anterior.
Patria y Libertad
La Merced, 5 de Dcbre. 1896
A. Maceo
Al Gral. José M. Aguirre, Jefe de la División de la Habana.

Composición alegórica publicada en los *Anales de la Guerra de Cuba,* de Antonio Pirala, en 1898. La efigie de Maceo fue copia de la foto hecha en La Habana, en 1890, que aparece en la página 90 de este libro.

Vista de la estatua ecuestre de Maceo junto a su creador, el italiano Domenico Boni, fundida en Madrid y fijada en el pináculo del monumento, en el parque que lleva su nombre, en la ciudad de La Habana, el 20 de Mayo de 1916.

Monumento a Maceo, de espaldas al Norte. En el frente del pedestal, se lee "Maceo"; al lado derecho, "Capitán famoso, patriota intachable, caudillo de los valientes. Su valentía igualó a su lealtad"; al lado izquierdo: "Audaz y temerario no volvió jamás sus armas contra las leyes de la República hasta morir"; al fondo: "Julio 14, 1845 - Diciembre 7, 1896".

El más conocido retrato de Maceo, hecho durante su visita a La Habana en 1890, de la misma época del que aparece en la cubierta de este libro.

Maceo en 1879, en Kingston, Jamaica.

Maceo en 1881, con el uniforme de general de división en el ejército de Honduras.

Maceo en 1884, en Nueva York, con el doctor Eusebio Hernández.

Arriba, de derecha a izquierda: Antonio Collazo, Maceo y Tomás Pedro Griñán; abajo, un sobrino de Melchor Azuero y los doctores Eusebio Hernández y José Álvarez. Foto de 1886.

Maceo durante su visita a La Habana, en 1890.

Foto tomada en Costa Rica, en 1892. Atrás, de derecha a izquierda: José Barrenqui, Agustín Cebreco, Maceo, Flor Crombet y Antonio Collazo; abajo, en la misma dirección, José Rogelio Castillo, Peña, Pedro Castelló, Rojas y Martín Morúa Delgado.

ILUSTRACIONES 97

GEN. ANTONIO MACEO, LEADER OF THE CUBAN INSURGENTS.
(FROM A PHOTOGRAPH TAKEN IN HIS LITTLE COTTAGE JUST OUTSIDE OF HAVANA IN THE SPRING OF 1893 BY J. R. WELCOME, FORMERLY OF RUTHERFORD N. J.)

De una foto tomada en La Habana, durante su viaje secreto en 1893, se hizo este dibujo que publicaron poco después en los Estados Unidos con la siguiente leyenda: "General Antonio Maceo, leader of the Cuban Insurgents (From a Photograph taken in his little cottage just outside Havana in the Spring of 1893 by J.R. Welcome, formerly of Rutherford, N.J.)".

Mariana Grajales (arriba), la madre de Antonio Maceo, y María Cabrales, la esposa. "¡Fáciles son los héroes, con tales mujeres!"—dijo Martí, quien las conoció a las dos.

Desembarco de Maceo y sus hombres cerca de Baracoa, Oriente, el 1º de abril de 1895, y reunión en La Mejorana, con Gómez y Martí, el 5 de mayo, según dibujos de Juan E. Hernández Giró en su *Historia Gráfica de Cuba*, de 1938.

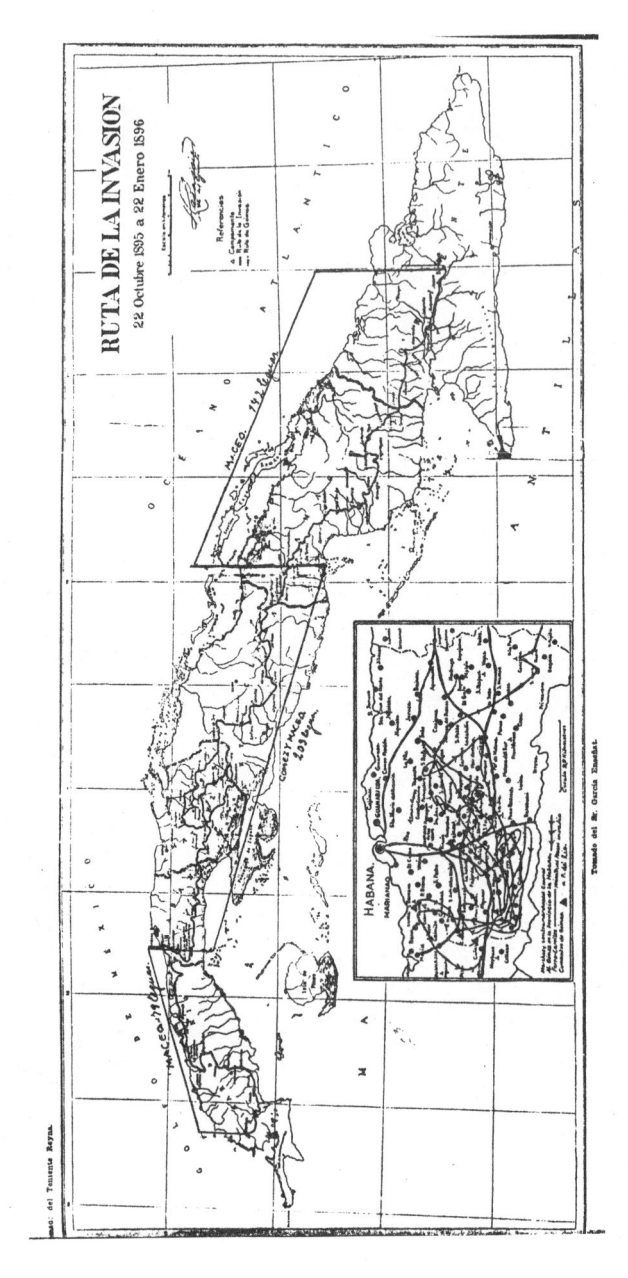

Mapa del recorrido de Antonio Maceo, tomado del libro de Benigno Souza, *Ensayo Histórico sobre la Invasión*, de 1948.

Dibujo basado en unos apuntes hechos en 1896, en las montañas de Pinar del Río, publicado en el libro de George Bronson, *Facts and Fakes about Cuba*, en 1898.

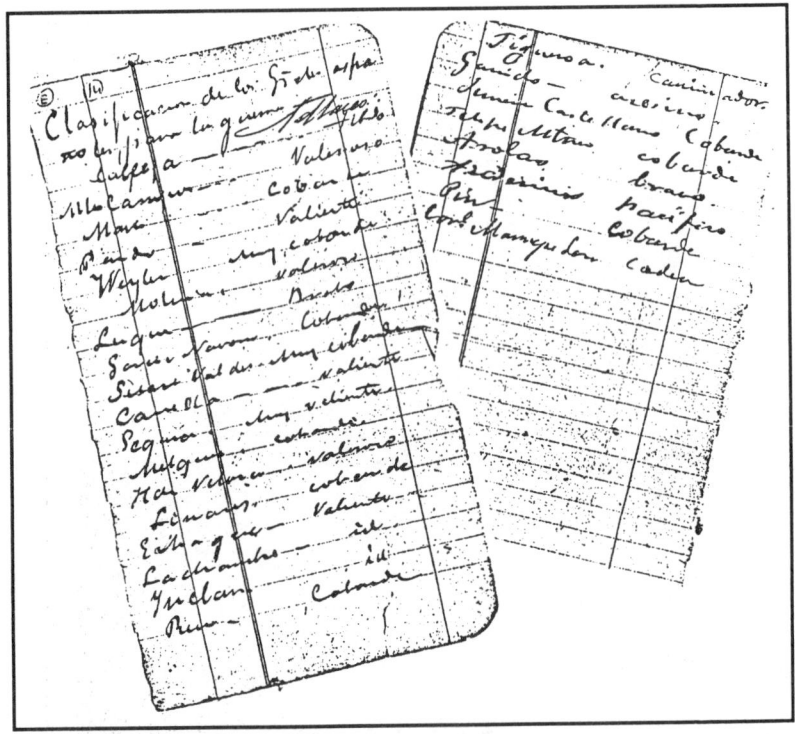

Hojas de una libreta de Maceo, de 6" x 3.5", que se conservan en el Archivo Histórico Nacional, de Madrid, en donde las encontró el autor de este libro, en las que se lee: "Clasificación de los generales españoles para la guerra. A. Maceo. [Emilio] Calleja [Isasi] - tibio. [Arsenio] Martínez Campos - valeroso. Sabas Marín [y González] - cobarde. [Luis M.] Pando [y Sánchez] - valiente. [Valeriano] Weyler - muy cobarde. Molina - valeroso. [Agustín] Luque [y Coca] - bravo. [José] García Navarro - cobarde. [Álvaro] Suárez Valdés - muy cobarde. [Francisco] Canella [y Secades] - valiente. Segura - muy valiente. [?] - cobarde. [Hernández de] Velasco - valeroso. [Arsenio] Linares [y Pombo] - cobarde. [Ramón] Echagüe [y Méndez Vigo] - valiente. [José] Lachambre [y Domínguez] - idem. [Suárez] Inclán - idem. [Calixto] Ruiz - cobarde. Figueroa - [?]. Garrido - asesino. [Adolfo] Jiménez Castellanos [y Tapia] - cobarde. [?] - cobarde. [Juan] Arolas [y Esplugas] - bravo. [José] Arderíus [y García] - pacífico. [Pedro] Pin [y Fernández] - cobarde. Coronel [Juan] Marique [de] Lara - [?]".

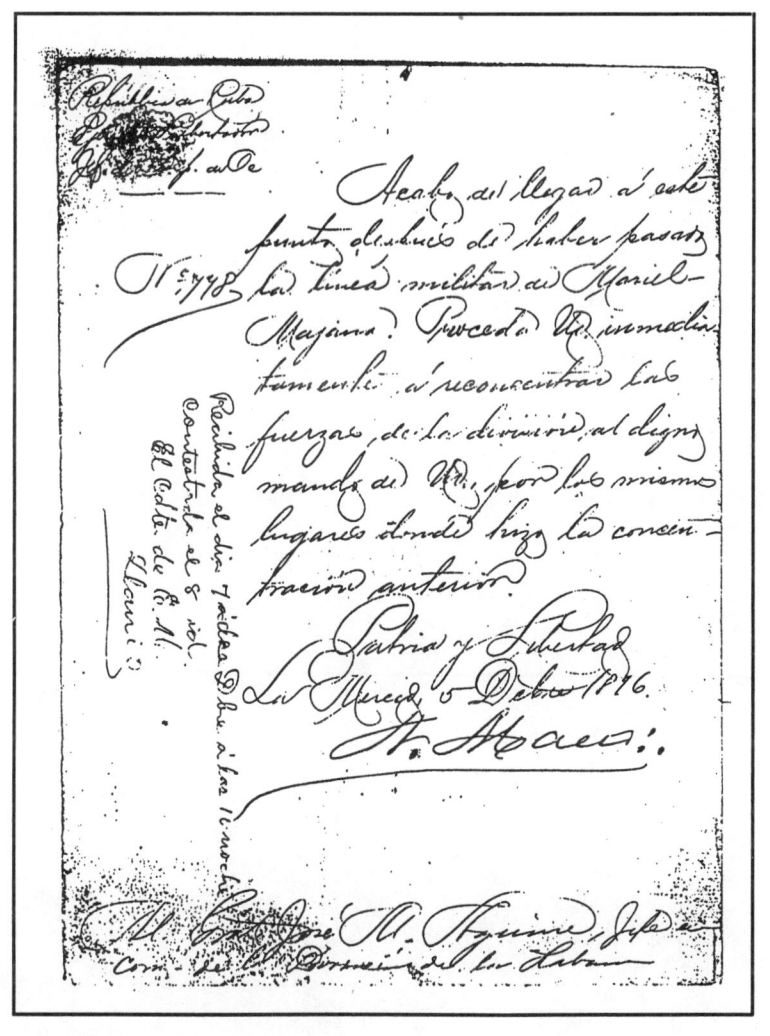

Una de las últimas disposiciones firmadas por Maceo. Es el número XXVIII de los "Textos" que forman parte de este libro.

Muerte de Maceo, en el óleo que le encargó el Ayuntamiento de La Habana, en 1908, a Armando Menocal, pintor distinguido y comandante del Ejército Libertador. Aparecen el general Miró y el coronel Alberto Nodarse levantándolo bajo los brazos mientras otro soldado, quizás José Herrera, le sostiene las piernas. Desde su caballo el comandante Juan Manuel Sánchez trata de ayudar; pretendían mover el cuerpo hacia donde estuviera protegido de las balas. A la derecha se ve a Panchito Gómez, el hijo del generalísimo, con el brazo en cabestrillo por la herida que había recibido el día 3, y que murió allí también, junto a Maceo. Otros mambises repelen el ataque español. Y al fondo se ve el palmar de San Pedro, testigo de la tragedia.

# BIBLIOGRAFÍA

Aguirre, Sergio. *Raíces y significación de la Protesta de Baraguá*. La Habana: Editora Política, 1978.

*Antonio Maceo, documentos para su vida*. La Habana: Archivo Nacional de Cuba, 1945.

*Antonio Maceo; ideología política; cartas y otros documentos. 1870-1894*. Emilio Roig de Leuchsenring, Introducción. La Habana: Sociedad Cubana de Estudios Históricos e Internacionales, 1950.

Aparicio, Raúl. *Hombradía de Antonio Maceo*. La Habana: Ediciones Unión, 1967.

Azcuy González, Rafael. *Antonio Maceo y el asalto a La Palma*. La Habana: Editora Política, 1988.

Bacardí, Emilio. *Crónicas de Santiago de Cuba*. Madrid: Gráfica Breogán, 1972-1973.

Boza, Bernabé. *Mi Diario de la Guerra, desde Baire hasta la intervención americana*. 2 v. La Habana: La Propagandista, 1900, 1904.

Camps y Feliú, Francisco. *Españoles e insurrectos. Recuerdos de la guerra de Cuba*. La Habana: Establecimiento Tipográfico de A. Álvarez, 1890.

Carbonell, Miguel Ángel. *Antonio Maceo*. La Habana: Carasa y Cía., 1935.

Casasús, Juan J. E. *La Invasión de 1895 (Gómez-Maceo): sus antecedentes, sus factores, su finalidad; estudio crítico-militar*. Miami: La Moderna Poesía, 1981.

Castellanos García, Gerardo. *Resplandores épicos. La Invasión. Máximo Gómez. Cruces. Mal Tiempo*. La Habana: 1942.

_____. *Franciso Gómez Toro. En el surco del generalísimo*. La Habana: Seoane y Fernández, 1932.

Collazo, Enrique. *Cuba heroica*. La Habana: Imprenta Mercantil, 1912.

_____. *Desde Yara hasta el Zanjón; apuntaciones históricas*. La Habana: Tipografía *La Lucha*, 1893.

Córdova, Federico. *Flor Crombet (el Sucre Cubano)*. La Habana: Cultural, S.A., 1939.

Corzo, Daniel. *Historia de Antonio Maceo, el Aníbal cubano*. La Habana: Imprenta Díaz y Castro, s.a.

Costa, Octavio R. *Antonio Maceo, el héroe*. La Habana: Academia de la Historia, 1947.

Cruz, Manuel de la. *Episodios de la Revolución Cubana*. Madrid: Biblioteca Calleja, 1926.

Curnow, Ena. *Manana: "detrás del generalísimo". Biografía de Bernarda Toro de Gómez*. Miami: Ediciones Universal, 1995.

Delgado, Miguel. *La caída del Titán: diciembre 7 de 1896. Aclaraciones históricas*. La Habana: 1955.

Delgado Aguilera, Ulises. *Maceo en Costa Rica*. San José: Imprenta Nacional, 1969.

Delgado y Fernández, Gregorio. *Facetas de Maceo*. La Habana: P. Fernández y Cía., 1945.

Duharte Jiménez, Rafael. *El negro en la sociedad colonial*, Santiago de Cuba: Editorial Oriente, 1988.

Esténger, Rafael. *El hombre de las montañas*. La Habana: Alfa, 1954.

Estévez y Romero, Luis. *Desde el Zanjón hasta Baire. Datos para la historia política de Cuba*. La Habana: La Propaganda Literaria, 1899.

Fernández Mascaró, Guillermo. *Ecos de la manigua: el Maceo que yo conocí*. La Habana: P. Fernández y Cía., 1950.

Figueredo, Fernando. *La Revolución de Yara, 1868-1878*. La Habana: M. Pulido y Cía., 1902.

Flint, Grover. *Marching with Gómez. A War Correspondent's Field Note Book Kept During Four Months with the Cuban Army*. Boston: Lam, Wolffe and Co., 1898.

Foner, Philip S. *Antonio Maceo, the Bronze Titan of Cuba's Struggle for Independence*. Nueva York: Monthly Review Press, 1877.

Franco, José Luciano. *Antonio Maceo: apuntes para una historia de su vida*. 3 v. La Habana: Editorial de Ciencias Sociales, 1975.

_____. *Antonio Maceo en Honduras*. La Habana: Sociedad Colombista Panamericana, 1956.

_____. *Ruta de Antonio Maceo en el Caribe*. La Habana: Oficina del Historiador de la Ciudad, 1961.

_____. *La vida heroica y ejemplar de Antonio Maceo (Cronología)*. La Habana: Instituto de Historia, 1963.

Fuentes Carretero, José M. *Maceo en el exilio*. La Habana: Cultura Popular, 1962.

Gallego, Tesifonte. *La insurrección cubana. Crónicas de la campaña. I, La preparación de la guerra.* Madrid: Imprenta de los Ferrocarriles, 1897.
García de Polavieja, Camilo. *Relación documentada de mi política en Cuba. Lo que vi, lo que hice, lo que anuncié.* Madrid: Imprenta de E. Minuesa, 1898.
García Panpín, Ricardo. *Maceo: paladín del antiimperialismo.* La Habana: Cultura Popular, 1952.
Girón, Carlos. *Por la ruta de la Invasión: de los Mangos de Baraguá a los Mangos de Roque.* La Habana, 1947.
Gómez, Máximo. *Diario de campaña.* La Habana: Instituto del Libro, 1968.
—————————. *Revoluciones... Cuba y hogar.* La Habana: Rambla, Bouza y Cía., 1927.
González Zeledón, Manuel. *Cuentos.* San José (Costa Rica): Antonio Lehmann, 1968.
Granda, Manuel J. de. *La paz del manganeso.* La Habana: El Siglo XX, 1939.
—————————. *Memoria Revolucionaria*: Santiago de Cuba, 1926.
Griñan Peralta, Leonardo. *Maceo: análisis caracterológico.* La Habana: Editorial Sánchez, 1954.
Guerra, Ramiro. *Guerra de los Diez Años, 1868-1878.* La Habana: Cultural S.A., 1950.
Guerrero, Rafael. *Crónica de la Guerra de Cuba (1895-1897).* 5 v. Barcelona: Editorial de M. Maucci, 1895-1897.
Halstead, Murat. *The Story of Cuba. Her Struggles for Liberty, the Cause, Crisis and Destiny of the Pearl of the Antilles.* Chicago: Cuba Libre Publishing Co., 1896.
Hernández, Eusebio. *Maceo: dos conferencias históricas.* La Habana: Instituto del Libro, 1968.
*Homenaje a Maceo* (Discursos de la Cámara de Representantes). Rafael Esténger, ed. La Habana: Editorial Selecta, 1945.
Horrego Estuch, Leopoldo. *Antonio Maceo: héroe y carácter.* Habana: Editorial Luz-Hilo, 1944.
—————————. *Maceo: estudio político y patriótico.* La Habana: El Siglo XX, 1947.
—————————. *La vida heroica y ejemplar de Antonio Maceo.* La Habana: Instituto de Historia, 1963.
Ibáñez Marín, José. *El general Martínez Campos.* Madrid: Establecimiento Tipográfico "El Trabajo", 1906.
*Ideario Cubano: Antonio Maceo.* Emilio Roig de Leuchsenring, selección y

prólogo. La Habana: Municipio de La Habana, 1946.
Infiesta, Ramón. *Máximo Gómez*. La Habana: Academia de la Historia de Cuba, 1937.
Lara, María Julia de. *La familia de Maceo: cartas a Elena. Conversaciones patrióticas al calor del hogar*. La Habana: Editorial Selecta, 1945.
Leroy, Luis Felipe. *Máximo Zertucha y Ojeda, el último médico de Maceo*. La Habana: Imprenta Cárdenas, 1958.
Llorens y Maceo, José Silvino. *Con Maceo en la Invasión*. La Habana, 1928.
Maceo, Antonio. *De la campaña*. La Habana: La Prueba, 1906.
_____. *Epistolario de Héroes. Ofrenda a María Cabrales. Cartas y Documentos Históricos*. Gonzalo Cabrales, ed. La Habana: El Siglo XX, 1922.
Marinello, Juan. *Maceo: líder y masa*. La Habana: Editorial Páginas, 1942.
Marquina, Rafael. *Antonio Maceo: héroe epónimo*. La Habana: Editorial Lex, 1943.
Martí, José. *Obras Completas*. 28 v. La Habana: Editorial Nacional de Cuba, 1963-1973.
*Máximo Gómez en la independencia de la Patria. Visión múltiple de un guerrero excepcional*. La Habana: Editorial Letras Cubanas, 1968.
Merchán, Rafael María. *Cuba: justificación de su guerra de independencia*. Bogotá: Imprenta "La Luz", 1896.
Mesa Rodríguez, Manuel I. *Diez años de guerra (El Pacto del Zanjón, la Constitución de Baraguá y el fin de la contienda)*. La Habana: Academia de la Historia de Cuba, 1944.
Miró Argenter, José. *Cuba: Crónicas de la Guerra*, 3 v. La Habana: Editorial Lex, 1945.
Miró Cardona, José. *Exaltación de Antonio Maceo*. La Habana: Editorial Lex, 1946.
Mora Morales, María Victoria. *Las campañas de Maceo en la historia militar de América*. La Habana: Imprenta de la Universidad de La Habana, 1946.
Morales, y Morales, Vidal. *Iniciadores y primeros mártires de la Revolución*. 3v. La Habana: Cultural S.A., 1931.
O'Kelly, James J. *The Mambi-Land, or Adventures of a* Herald *Correspondent in Cuba*. Philadelphia: J.B. Lipponcott & Co., 1874.
Padrón Valdés, Abelardo. *El general José: apuntes biográficos*. La Habana: Instituto Cubano del Libro, 1973.

Palenque, Amado. *La campaña de la Invasión, 1895-1896*. La Habana: Editorial de Ciencias Sociales, 1988.
Pando, Magdalena. *Cuba's Freedom Fighter: Antonio Maceo*. Gainesville (Florida): Felicity Press, 1980.
*Papeles de Maceo*. Introducción de Emeterio S. Santovenia. 2 v. La Habana: Academia de la Historia de Cuba, 1948.
Pérez Guzmán, Francisco. *La guerra en La Habana, desde enero de 1896 hasta el combate de San Pedro*. La Habana: Editorial de Ciencias Sociales, 1974.
Pérez Landa, Rufino. *Bartolomé Masó y Márquez. Estudio biográfico documentado*. La Habana: Academia de la Historia de Cuba, 1947.
Piedra, Manuel. *Juan Ríus Rivera y la Independencia de Cuba*. La Habana: Academia de la Historia de Cuba, 1945.
Piedra Bueno, Andrés de. *Maceo: síntesis de una biografía*. Ceiba del Agua (La Habana) Instituto Cívico Militar, 1943.
Piedra Martell, Manuel. *Campañas de Maceo en la última Guerra de Independencia*. La Habana: Editorial Lex,1946.
_____.*Mis primeros treinta años. Memorias: infancia y adolescencia, la Guerra de Independencia*. La Habana: Editorial Minerva, 1943.
Pirala, Antonio. *Anales de la Guerra de Cuba*. 3 v. Madrid: Felipe González Rojas, 1895-1898.
Ponte Domínguez, Francisco J. *Historia de la Guerra de los Diez Años*. 2 v. La Habana: El Siglo XX, 1944, 1958.
_____. *La idea invasora y su desarrollo histórico*. La Habana: Cultural S.A., 1930.
Portell Vilá, Herminio. *Breve biografía de Antonio Maceo*. La Habana: Sociedad Colombista Panamericana, 1945.
Portuondo, José Antonio. *El pensamiento vivo de Maceo*. La Habana: Editorial Ciencias Sociales, 1971.
Reparaz, G. *La guerra de Cuba: estudio militar*. Madrid: La España Editorial, 1896.
Reverter Belmás, Emilio. *La guerra de Cuba. Reseña histórica de la insurrección cubana (1895-1898)*. 6 v. Barcelona: Editorial de Alberto Martín, 1899
Ripoll, Carlos. *José Martí: Letras y huellas desconocidas.* Nueva York: E. Torres & Sons, 1976.
Roa, Ramón. *Con la pluma y el machete*. Compilación, prólogo y notas de Raúl

Roa. 2 v. La Habana: Academia de la Historia de Cuba, 1950.
Rodríguez Demorizi, Emilio. *Maceo en Santo Domingo*. Santiago (República Dominicana): Editorial El Diario, 1945.
Rodríguez Morejón, Gerardo. *Maceo : héroe y caudillo*. La Habana: Cultural, 1943.
Roig de Leuchsenring, Emilio. *La guerra libertadora cubana de los treinta años, 1868-1898. Razón de su victoria*. La Habana: Oficina del Historiador de la Ciudad, 1958.
_____. *Revolución y República en Maceo*. La Habana: Oficina del Historiador de la Ciudad, 1961.
Rosell y Malpica, Eduardo. *Diario, 1895-1897*. La Habana: Academia de la Historia de Cuba, 1949.
Santovenia, Emeterio. *Raíz y altura de Antonio Maceo*. La Habana: Editorial Trópico, 1943.
Sarabia, Nydia. *María Cabrales*. La Habana: Editorial Gente Nueva, 1976.
Sosa de Quesada, Arístides. *Martí, Maceo y Agramonte a través de sus reliquias*. La Habana: P. Fernández y Cía., 1944.
Soulère, Emilio A. *Historia de la insurrección de Cuba (1869-1879)*. 2 v. Madrid: Editorial de Juan Pons, 1879, 1880.
*Souvenir. Centenario del natalicio del lugar-teniente general Antonio Maceo Grajales*. Santiago de Cuba, 1945.
Souza, Benigno. *Ensayo histórico sobre la Invasión*. La Habana: Imprenta del Ejército, 1948.
_____. *El generalísimo*. La Habana: Seoane, Fernández y Cía., 1936.
Trujillo, Enrique. *Apuntes históricos. Propaganda y movimientos revolucionarios cubanos en los Estados Unidos desde enero de 1880 hasta febrero de 1895*. Nueva York: Tipografía El Porvenir, 1896.
Ubieta, Enrique. *Efemérides de la Revolución Cubana*. 4 v. La Habana: La Moderna Poesía, 1911-1920.
Varona Guerrero, Miguel A. *La Guerra de Independencia de Cuba, 1895-1898*. 3v. La Habana: Editorial Lex, 1946.
Varona y del Castillo, Miguel. *Memorias de la campaña de la Invasión en nuestra última guerra de independencia*. La Habana, 1944.
Weyler, Valeriano. *Mi mando en Cuba*. 5 v. Madrid: Imprenta de Felipe González, 1910.
Zaragoza, Justo. *Las insurrecciones en Cuba*. 2 v. Madrid: Imprenta de Manuel G. Hernández, 1872, 1873.
Zarragoitia, Leopoldo. *Maceo*. La Habana: Úcar, García y Cía., 1949.

# ÍNDICE

Prefacio......................................................... 5

Crónica........................................................ 17

Textos.......................................................... 39
I) Carta a Tomás Estrada Palma (1876), 39; II) a Vicente García (1877), 41; III) a C.G. Moore (1880), 43; IV) "Comentarios" sobre la carta a Camilo Polavieja (1881) 45; V) carta a José Martí (1882) 47; VI) a Ramón L. Bonachea (1883), 48; VII) a Cirilo Pouble (1883), 49; VIII) a José D. Poyo (1884), 50; IX) a Anselmo Valdés (1884), 52; X) a Rodolfo Méndez (1885) 53; XI) a Eusebio Hernández (1885), 54; XII) a José A. Rodríguez (1886), 57; XIII) a José Martí (1888), 59; XIV) a José Martí (1888), 61; XV) a José Miró (1890), 64; XVI) a Antonio Zambrana (1894), 65; XVII) a Enrique Trujillo (1894), 67; XVIII) a Juan Gulberto Gómez (1894), 69; XIX) a María Cabrales (1895), 70; XX) a Salvador Cisneros (1895), 71; XXI) a la Asamblea Constituyente (1895), 73; XXII) a Tomás Estrada Palma (1895), 75; XXIII) "Proclama" a los Villareños (1895), 77; XXIV) carta a Tomás Estrada Palma (1895), 78; XXV) a Federico Pérez (1896), 79; XXVI) a José D. Poyo (1896), 81; XXVII) a Alberto J. Díaz (1896), 82; XXVIII) a José María Aguirre (1896), 84.

Ilustraciones.................................................. 87

Bibliografía...................................................105